AF289903

Autorin

Nina Onawa, Jahrgang 1967, ist in Hannover geboren. Sie schloss zunächst eine Ausbildung zur Bankkauffrau in einer Hypothekenbank ab. Es folgten Weiterbildungen zur Bankfachwirtin und EDV-Kauffrau mit anschließender Programmiertätigkeit in einem Rechenzentrum für Sparkassen. Nach der Geburt des ersten Kindes wuchs das Interesse für die Lern-Entwicklung von Kindern und an Wahrnehmungsprozessen. 2002 absolvierte sie die Ausbildung zur Sozialassistentin und ihre Familie nahm Pflegekinder auf. Ab 2008 arbeitete Nina Onawa nach Abschluss der Ausbildung zur Ergotherapeutin als Schulbegleitung von autistischen und ADHS-Kindern. Weiterhin führte sie nebenberuflich Kurse im Kindergarten zur Sprechförderung und Aufmerksamkeit sowie LRS-Hilfe durch. 2014 schloss sie ein Studium in B.Sc. Psychologie zum Thema „Lerntheorien" ab. 2016 hat sie die Ausbildung zur Steuerfachangestellten zweijährig mit guten bis sehr guten Noten abgeschlossen. Seit Juli 2018 hat sie die Erlaubnis als Heilpraktikerin beschränkt auf das Gebiet der Psychotherapie tätig sein zu dürfen.

Von Nina Onawa sind bei BoD u.a. erschienen:

Mami hat mich durchschaut, so'n Mist!
Dialogisches Lernen: Lesen und Schreiben
Ideen-Pool bei LRS für Eltern und Kind
Mutismus: Erwachsene ohne spontane, impulsive Intuitivsprache
Begleitung eines Asperger-Kindes im Setting Grundschule

Nina Onawa

# Na siehste, Mama!

## Geschichten und Gedichte für Familien
## zum Nachdenken und Schmunzeln

Tauchen Sie ein in die Klein-Kinderwelt.
Typische Alltagserlebnisse in der Familie werden in Kurzgeschichten verpackt und um Infos für Eltern ergänzt.
Denn neben einer Therapie, Beratung oder eines Eltern-Trainings können auch Texte aus einer anderen Perspektive zu neuen Ideen und Einstellungen in der Beziehung mit seinen Kindern führen.

Zu vielen Geschichten gibt es ein Mandala zum Ausmalen oder Ergänzen. In einer Anleitung wird erklärt, wie eine Vorlage selbst erstellt werden kann.

Dieses Buch ersetzt nicht die Beratung und Therapie durch dafür ausgebildete Fachkräfte. Eine Garantie und Haftung kann nicht übernommen werden.

Für eine konstruktive Kritik erreichen Sie die Autorin unter
nina.onawa@t-online.de

Bibliografische Information der Deutschen Nationalbibliothek: Die Deutsche Nationalbibliothek verzeichnet diese Publikation in der Deutschen Nationalbibliografie; detaillierte bibliografische Daten sind im Internet über www.dnb.de abrufbar.



Herstellung und Verlag:
BoD - Books on Demand, Norderstedt

ISBN:  9783753457598

# Das Anzieh-Team

Ein verspielter und lustiger Tag geht für den 3-jährigen Max zu Ende.

Es ist Schlafenszeit, aber Max möchte noch länger aufbleiben.

„Nein, ich ziehe mich nicht um", macht Max deutlich, dass er es nicht einsieht.

„Wenn du dich nicht gleich bettfertig machst, dann lese ich dir nichts mehr vor", warnt die Mutter.

„Dann verzichte ich auf das Vorlesen."

Die Mutter ist ganz am Verzweifeln. Der Tag war auch für sie sehr lang und sie möchte noch einige Hausarbeiten in Ruhe erledigen und dann den Abend etwas entspannen.

Womöglich braucht Max, trotzdem er jetzt vieles alleine kann, etwas Hilfe. Vielleicht ist er sehr, sehr müde und das Umziehen strengt ihn an - auch wenn man es ihm nicht anmerkt.

Die Mutter von Max hat eine Idee: „Weißt du was, wir machen jetzt Teamarbeit. Du ein Teil und ich ein Teil. Was möchtest du alleine ausziehen, die linke oder die rechte Socke?"

„Die linke." „Gut, dann nehme ich die rechte, wenn du fertig bist."

Sie einigten sich gemeinsam noch darauf, dass die Mama den Pullover gegen das Schlafanzugoberteil austauschte und Max kümmerte sich um seine Hosen.

Nun war Max ganz schnell fertig und wurde von Abend zu Abend immer schneller auch ganz alleine fertig.

♥ *Liebe Eltern ...*
Der Nebeneffekt ist, dass Ihr Kind so links und rechts, oben und unten lernt.

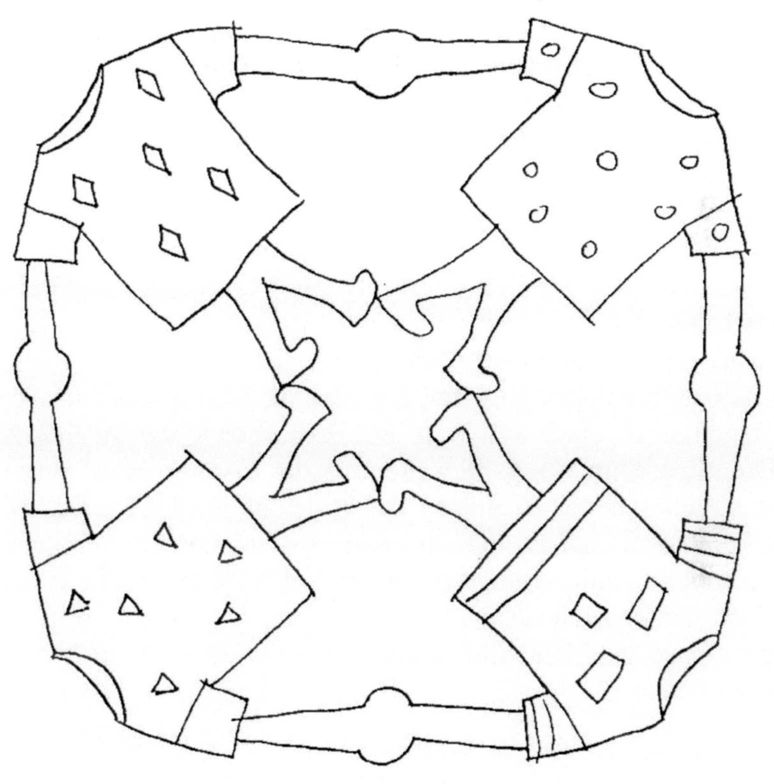

7

# Die Schnuller-Fee

Am Geburtstag geht die Fee zu Max:

„Guten Morgen Max. Ich bin eine Fee. Ich habe gehört, dass du Geburtstag hast und 3 Jahre alt geworden bist. Mama und Papa haben mir auch gesagt, dass du immer lieb gewesen bist. Deswegen komme ich heute.

Ich kann dir ein tolles Geschenk geben. Jedoch komme ich heute als Schnuller-Fee. Das heißt, du kannst das Geschenk nur bekommen, wenn du mir dafür deine Schnuller gibst. Ich verspreche dir dann, deine Schnuller anderen Kindern zu geben, die viel kleiner sind als du und keinen haben. Möchtest du mir für diese Kinder deine Schnuller mitgeben? Gucke mal und das hier darfst du dann behalten.“

„Ja“, ist Max seine respektvolle Antwort.

„Das ist ganz lieb von dir. Pass auf, ich gebe dir jetzt das Geschenk. Ich fliege dann erst mal ganz, ganz weit weg, um deine Schnuller anderen Kindern zu geben. Die rufen dann von ganz weitem zu dir: Danke, danke lieber Max. Sie winken und geben dir einen dicken Dankeschönkuss. Und wenn du weiter so lieb bist, komme ich zwischendurch immer mal wieder. Dann brauche ich aber nicht mehr als Schnuller-Fee zu kommen. Dann darfst du dir von deiner Fee auch mal was anderes wünschen.“

Gerne gab Max der Fee alle seine Schnuller und freute sich über den geschenkten Besen.

Möchten Sie endlich, dass Ihr Kind nicht mehr dran nuckelt? Wie wär's mit dieser Schnuller-Fee-Geschichte? Sie brauchen hierzu eine (Hand-)Puppe, die man als Fee benutzen kann und ein Geschenk. Ihr Kind muss die Geschichte verstehen und mitspielen können. Sie müssen dabei ernsthaft und ehrgeizig vorgehen und vor allem die Wörter gut hörbar betonen bzw. Ihre Stimme verstellen.

Das Kind soll den Schnuller freiwillig geben. Das Kind tut etwas Gutes und es begreift, dass die Schnuller wirklich weg sind (wenn Sie konsequent bleiben und sie unbemerkt entsorgen).

Unser Sohn hat den heißgeliebten Schnuller entgegen unserer Erwartung sofort hergegeben. Er fragte regelmäßig nach, wo die Fee nun sei und was sie machen würde. Sie müssen also auch Lust haben, über ihre Reisen und die Verteilung an die Kinder zu erzählen.

Ganz wichtig ist natürlich auch die Auswahl des Geschenkes: Es muss etwas sein, was sich Ihr Kind innig wünscht bzw. worüber es sich riesig freuen würde. Sollte aber eine Kleinigkeit sein, für den Fall, dass Sie es bei einem „nein" nicht verschenken. Dann dürfen Sie das Geschenk auf keinen Fall später doch schenken.

Bei einer „Nein"-Antwort Ihres Kindes könnte die Fee so reagieren: „Gut. Pass auf. Dann gehe ich erst mal wieder und wenn du etwas größer bist, rufst du mich einfach: Hallo Schnuller-Fee, ich gehe jetzt in den Kindergarten, bin ein großer Junge und brauche keinen Schnuller mehr. - Dann komme ich wieder."

Die Fee kann immer wieder einsetzbar sein, um dem Kind zwischendurch eine Freude zu bereiten.

## Papagei

„Mama, was machst du da?"
„Ich schneide Gemüse für unser Mittagessen klein."
„Mama, *was* machst du da?"
„Das Gemüse für unser Essen klein schneiden."
„Ma-ma? Was machst du da?"
„Ja sage mal, du hörst wohl meine Stimme gerne?"
Grins!


## Haben Sie auch ein Blubber-Kind?

Lisa beobachtet Mama immer wieder gerne, wenn sie das Mittagessen vorbereitet. Sie kennt bereits viele Zutaten und weiß, was die Mama so braucht.
Aber trotzdem kann sie es nicht lassen und stellt immer wieder dieselbe Frage:
„Mama, was machst du da?"
Tagelang hat Mama brav geantwortet:
„Ich schneide Gemüse für unser Mittagessen klein."
Tagelang macht Lisa das Frage-Antwort-Spiel mit Mama viel Spaß.
Aber plötzlich antwortet Mama gar nicht mehr brav. Oh!
Sondern *sie* stellt eine Frage: Ah!
„Was meinst du?", will sie nun von Lisa wissen.

Hatte die Mama etwa gemerkt, dass es eine Blödel-Frage war und Lisa die Antwort eigentlich wusste?
Brav antwortet Lisa auf Mamas Frage. Das machte die Mama sonst ja auch. Also wollte sie auch mal nett sein.

Und ein dickes, kurzes Lob von Mama kommt hinterher:
„Treffer", sagt sie dann. „Treffer."


♥ *Liebe Eltern ...*
Dann sei immer schön brav und antworte, denn sonst hören sie nicht auf, immer wieder dasselbe zu fragen.
So ein Quatsch!

Frage *du* dein Kind Löcher in den Bauch. Es weiß bereits sehr viel und kann selber nachdenken. Gegen Blödel-Fragerei hilft die Frage "Was meinst du?"

Wir hinterfragen einfach zu wenig, womöglich weil es in der Kindheit durch zu vieles Fragen von Erwachsenen gedämpft wird. Denn Eltern wollen brav antworten, sind irgendwann evtl. überfordert, statt gegenzufragen und festzustellen, welche Antworten das Kind selbst finden kann.

# Blubber-Mäuschen

Sabine hat viel Spaß am Klönen. Sie hört am liebsten ihre eigene Stimme. Manchmal merkt sie gar nicht, dass die Mama nicht mehr zuhört. Eigentlich schade! Denn so hat sie ganz umsonst geredet.

Bald reicht es Sabine und sie möchte wissen, was mit Mama los ist. Munter testet sie ihre Mama: „Mama, ich danke dir, dass ich heute länger aufbleiben kann."

„Länger aufbleiben?" Oh, Mama wurde wach. „Was meinst du damit?"

„Hast du nicht gemerkt, dass ich dich danach fragte? Und du hast tatsächlich *Ja* gesagt!"

„Nein, nein, nein, das glaube ich nicht. Ich war eben mit meinen Gedanken ganz woanders. Ich habe gar nicht zugehört, was du gesagt hast."

„Oh, das ist aber nicht nett. Du kannst mir wenigstens Bescheid sagen."

„Du hast recht, Bine. Ich werde dir jetzt immer erzählen, wann sich meine Ohren mal ausruhen und schlafen. Und wenn sie wieder wach sind, melde ich mich sofort. OK?"

Sabine war damit einverstanden. Da sie nun wusste, wann die Ohren schliefen und wieder wach wurden, konnte sie diese Zeit auch mal still sein.

♥ *Liebe Eltern ...*

So wird die Verantwortung phantasievoll auf einen Gegenstand (wie Ohr) abgegeben, statt ein bloßes „Nein, es ist zu viel", zu sagen.

# Carinas Mund steht nicht still

„Mama, weißt du was? Du machst dir gerade ein Brot mit Leberwurst. Ich mag die auch. Bei Oma habe ich die auch schon gegessen. Und Nudeln mit Tomatensoße gab es da auch. Wenn ich nach Oma gehe, sehe ich mit ihr den Biene-Maja-Film an. Den finde ich lustig. Biene Maja macht immer so lustige Sachen. Wann spielen wir wieder Clown? Das war lustig, Mama. Papa soll auch mitspielen. Und Marco auch. Und Ellen auch. Das können wir ja wieder nach dem Abendbrot machen. Bald gibt es ja wieder Frühstück.”

„Sag einmal Carina, meinst du denn, dass ich überhaupt zugehört habe?”
Stille. Ups, stimmte da etwas nicht?!
„Achte einmal darauf, ob dir jemand zuhört. Das wäre doch schade, wenn du die ganze Zeit redest und keiner merkt es”, schlägt die Mama vor.
„Habe ich nicht gemerkt”, reagiert Carina erstaunt.

♥ *Liebe Eltern ...*
Wenn es mir mit dem Zuhören zu viel wird, erzähle ich den Kindern, dass sich meine Ohren nun ausruhen. Ich sage dann Bescheid, wenn sie wieder wach sind.
Auch auf die ständige Frage „Mama, weißt du was?”, versuche ich noch schnell zu antworten: „Nein und ich möchte es jetzt auch nicht wissen.”
Nehmen Sie sich diese Chance.
Konfrontieren Sie Ihr Kind mit Gegenfragen. Die Kinder wissen sehr häufig die Antwort!

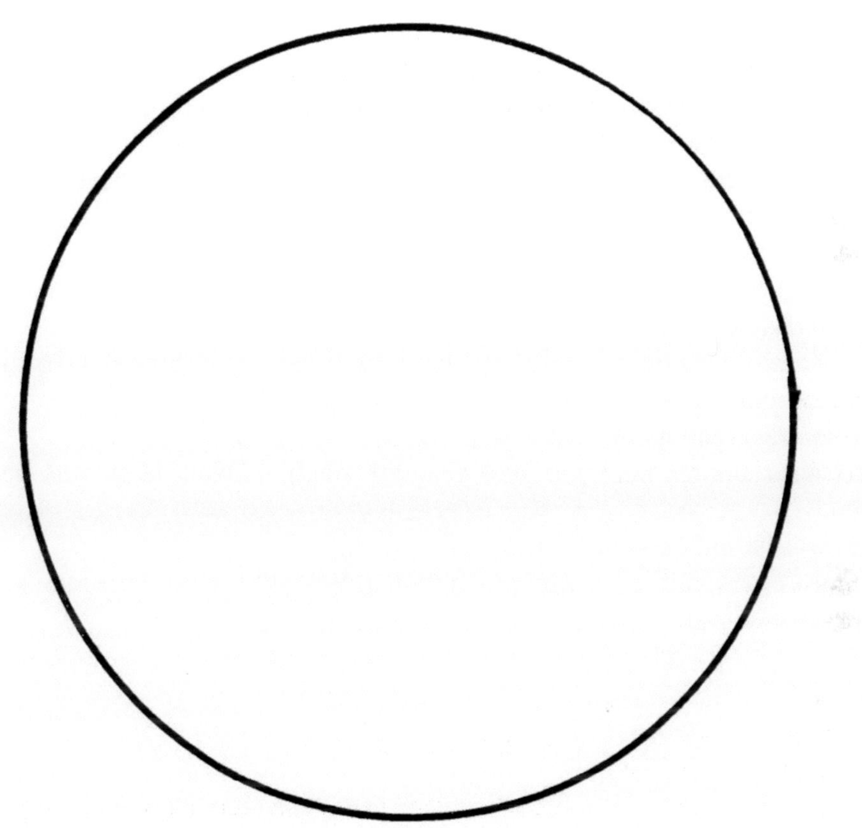

## Silkes Geburtstag steht vor der Tür

Silke hat bald Geburtstag und wird 4 Jahre alt.

„Sag mal Silke, wen möchtest du denn zum Geburtstag einladen?"

Silke ist voller Vorfreude und zählt ihre zwei besten Freundinnen auf, die unbedingt kommen sollen.

„Vergesse nicht, Heike und Stefan einzuladen, da bist du schließlich auch gewesen. Außerdem sind wir so oft mit Mirco und Melanie zusammen, die dürfen auch nicht fehlen."

„Die mag ich aber nicht."

„Wieso das denn nicht?"

„Die Mama ist *deine* Freundin und ich muss immer mit ihren Kindern spielen. Dabei sind die blöd."

„Na, so redet man nicht."

Silke wird immer bockiger und reagiert frech: „Dann feiere du doch mit denen."

„Und was ist mit deinem Geburtstag?"

„Du hast es erkannt, es ist *mein* Geburtstag. Basta!"

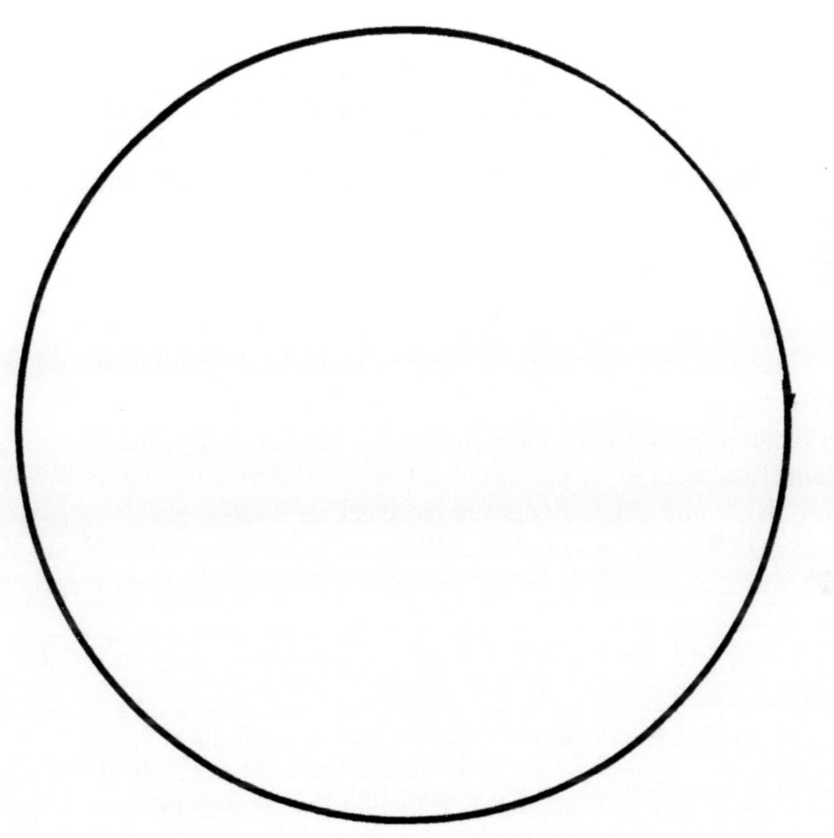

# Die Schniefnase

„Deine Nase läuft ja schon wieder!"

Stefan geht einfach weg.

„Geh' deine Nase putzen, mein Junge", ruft der Vater noch schnell hinterher.

Nun läuft Stefan erst recht in Richtung seines Kinderzimmers.

Der Vater läuft hinterher und versucht, die Nase seines Sohnes zu putzen: „Bleib endlich stehen. Iih, jetzt wird es aber Zeit."

Stefan wehrt sich und nölt: „Nee."

Am nächsten Tag ist die Nase wieder am Laufen.

„Sag' mal, was soll das? Wann bist du endlich alt genug und putzt sie dir selber?"

Stefan reagiert nicht und ist auf den Sprung, wieder wegzulaufen.

Mit dem Taschentuch in der Hand schimpft Vater: „Iih, das ist doch ekelig. Was soll das?" und putzt wieder die Nase seines Sohnes.

„Lass das, das ist doch **meine** Nase. Wenn es **mich** stört, putze ich sie alleine."

♥ *Liebe Eltern ...*

Laufen Sie als Elternteil immer hinterher (altersabhängig),

~ kann die Störgrenze der laufenden Nase nicht selbst erfahren werden.

~ findet es das Spiel womöglich lustig oder interessant.

~ genießt es womöglich, Hilfe und Aufmerksamkeit zu bekommen.

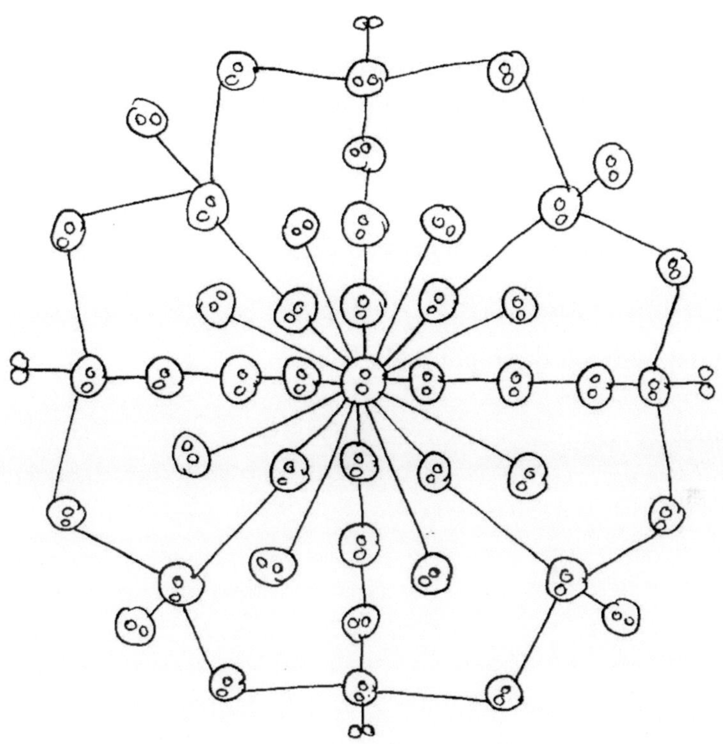

19

## Mein Spielzeug, dein Spielzeug

Wieso passt du auf meins auf? Wieso darf ich es nicht haben?

Wieso darf ich nicht damit spielen, wie ich will? Warum schimpfst du, wenn es kaputt geht? Warum muss ich vorsichtig sein?

Wieso schenkst du mir es denn? Ist das nun meins oder nicht?

Wie soll ich denn lernen, was meins und deins ist, wenn meins doch oft deins ist?

Wenn das so ist, will ich das nicht mehr haben.

So ist das blöd!

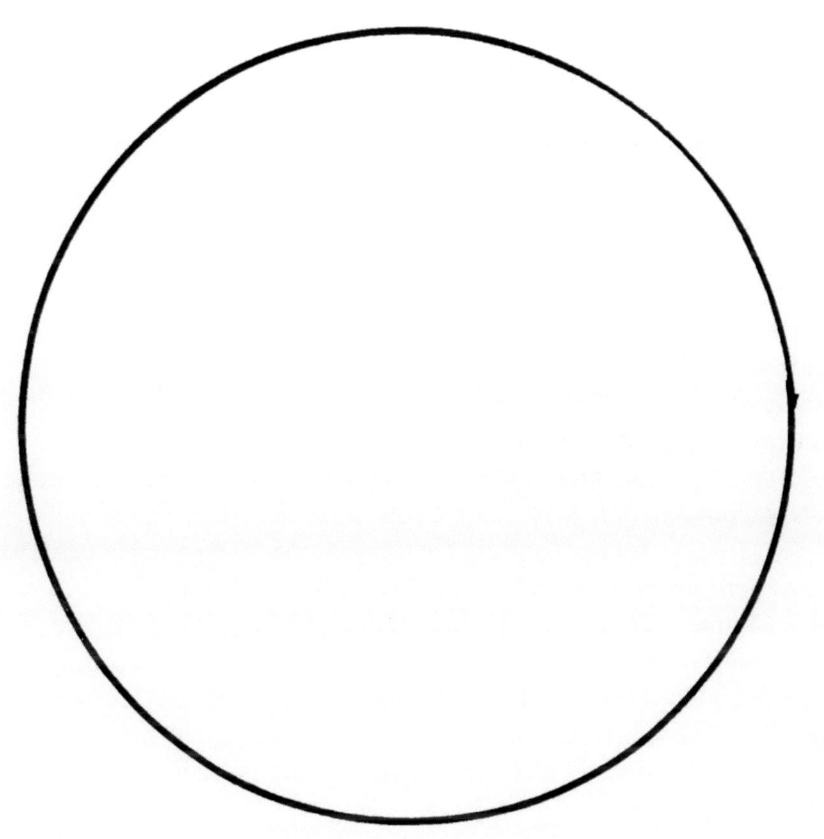

# Die Popelliese

Am Frühstückstisch popelt Liese kräftig in der Nase. Irgendetwas scheint sie dort zu suchen, aber selten zu finden!

„Sag' mal, warum popelst du eigentlich schon wieder?", fragt die Mutter von Liese.

Liese reagiert nicht, denn sie weiß es selber nicht.

„Macht dir das denn so viel Spaß?"

Jetzt nickt Liese.

„Dann habe ich eine prima Idee. Du kannst dir aussuchen, ob du nach dem Frühstück oder nach dem Abendbrot *eine ganze Stunde* popeln willst - ohne, dass Mama oder Papa schimpfen!"

„Oh, ja. Kann ich gleich anfangen?"

„Gerne. Schau auf die Uhr. Es ist 9 Uhr. Bis 10 Uhr kannst du ungestört in deiner Nase bohren. Ich lasse dich auch ganz in Ruhe. Denn es ist ja deine Nase."

Die Mama geht ins Schlafzimmer, um die Betten zu machen.

Nach 10 Minuten kommt Liese hinterher: „Mama, wann ist die Zeit denn rum?"

„Keine Sorge. Du kannst noch ganz, ganz lange popeln. Ich sage dir dann Bescheid."

Nach 20 Minuten wird es Liese langweilig und sie ist lieber zum Spielen in ihr Kinderzimmer gegangen.

Seitdem keiner mehr schimpft, popelt sie nur noch, wenn es wirklich in der Nase kitzelt.

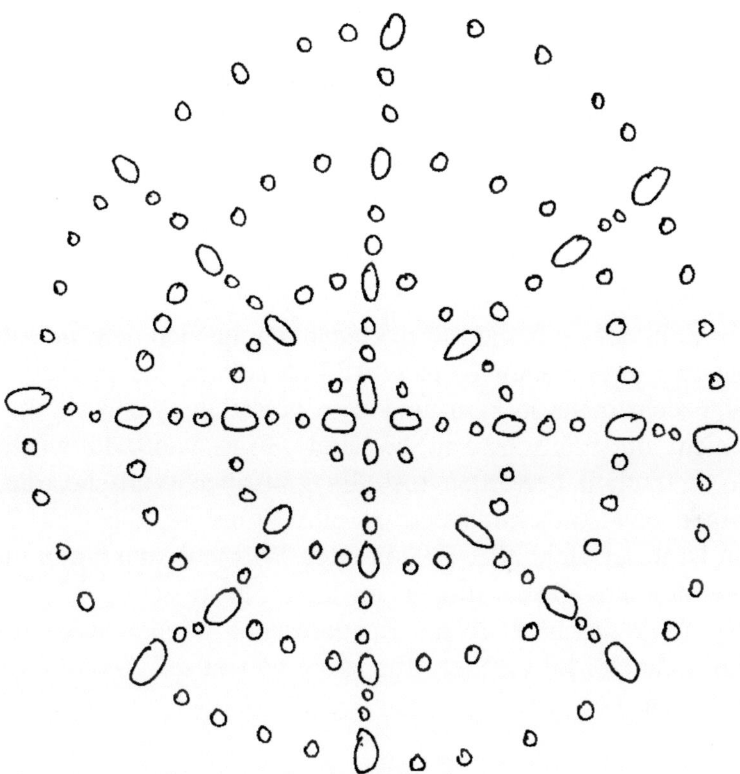

# Der freundliche Fritz

„Ich will ein Eis haben", bettelt der kleine Fritz trotzig. Der Vater mag diese Bettelei nicht, erinnert Fritz an das Zauberwort und an das Wörtchen *möchte*. Fritz versucht es nun freundlicher: „Papa, ich möchte bitte ein Eis haben." Selbstverständlich bekommt Fritz nun sein Eis. Da Fritz nicht dumm ist, weiß er nun, wie seine Wünsche erfüllt werden können.
Zukünftig fragt er freundlich, wie: „Mama, ich möchte ein Bonbon haben, bitte." Oder „Mama, ich möchte jetzt bitte fernsehen." oder „Papa, ich möchte noch nicht ins Bett, bitte."

Nun wird es Zeit, dass sich die Eltern Gedanken machen, wie sie weiterhin die vielen Wünsche ihres netten Kindes erfüllen sollen. Sie meinen, der kleine Fritz ist jetzt nicht mehr so klein und wird verstehen, wenn sie ihm erklären, dass doch nicht alle Wünsche erfüllbar sind. „Fritz, weißt du, wir bewundern, dass du so freundlich geworden bist. Es gibt aber Wünsche, die Wünsche bleiben sollten bzw. müssen. Denn es gibt Wünsche, die Geld kosten und irgendwann ist unser Geld alle. Es gibt auch Wünsche, die krank machen und dann machen wir uns große Sorgen um dich. Daher achten Mama und Papa darauf, dass die Wünsche auch gut für dich sind. Vielleicht können wir den Wunsch ein anderes Mal erfüllen, für heute hattest du schon einige von uns erfüllt bekommen."

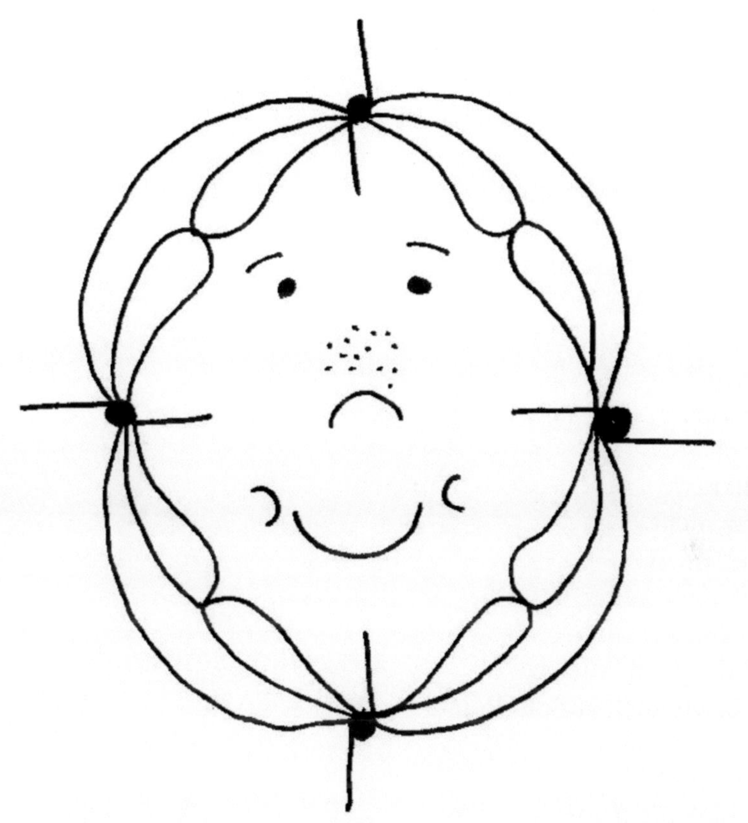

# Das tut mir weh

*Begleiten Sie das Gedicht spaßig tadelnd mit singender Stimme, mit Mimiken und Gesten:*

Nein, nein, nein!
Du haust mich nicht. Oh nee.
Denn das tut mir weh.
Und das möchte ich nicht.
So entschuldige dich.
Sonst gehe ich
und spiele nicht -
mit dir. Oh nee!

Nein, nein, nein!
So geht das nicht.
Nun drücke mich.
Und wir spielen weiter,
lustig und heiter.
Sonst bist du gleich alleine,
denn, ich mach mich auf die Beine.

Nein, nein, nein!
Du haust mich nicht. Oh nee.
Denn das tut mir so weh.

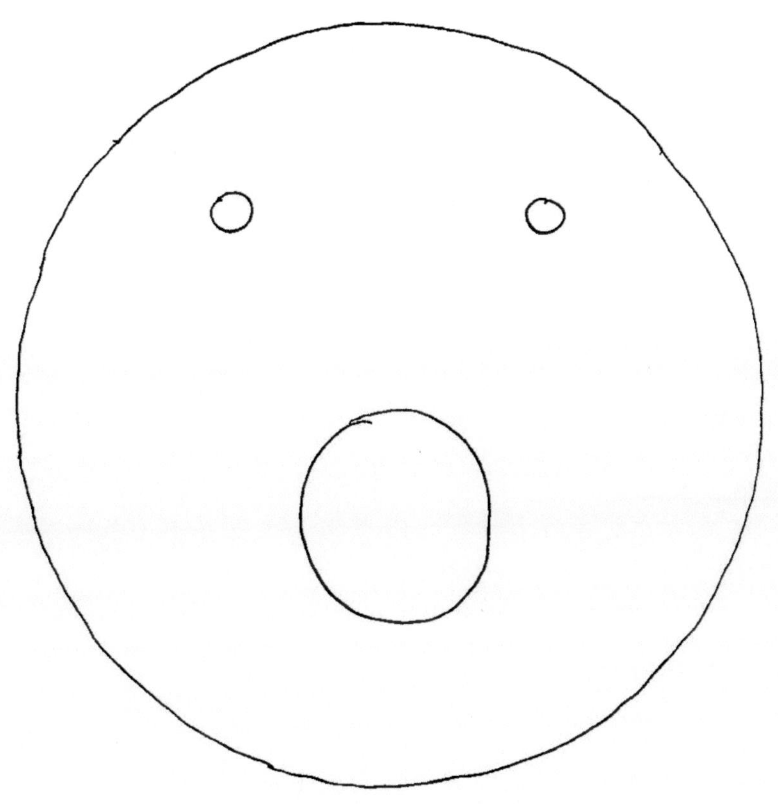

# Hauen macht Janni noch Spaß

Klein Janni haut gerne seine Eltern, da diese anfangs ein Späßchen draus machten. Aber nun haben die Eltern Sorge, denn Janni muss auch lernen, dass Hauen weh tut.

Beim nächsten Mal hält der Vater seine Hand dem Janni hin und ermuntert ihn ganz ernst blickend, drauf zu schlagen.
„Na los, gib mir Fünf da drauf."

Janni grinst und schlägt seine Hand auf Vaters Hand.

Aber zu hauen, dass traute er sich nicht mehr. Lieber unter Freunden „Fünf" geben!

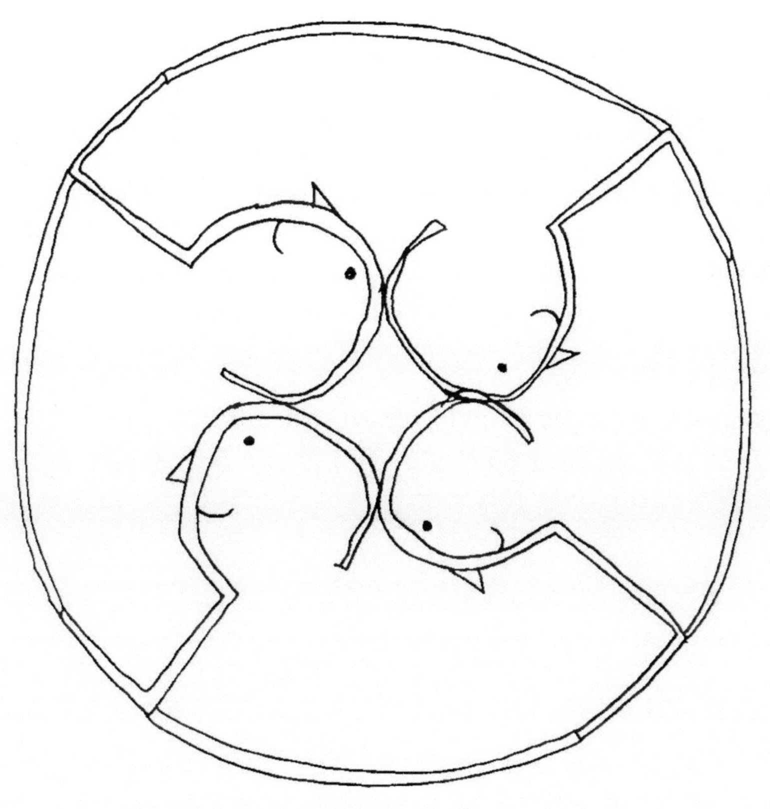

29

# Der Vater pustet Wind aus den Segeln

Der Vater ist mit seinem Sohn Tim auf dem Spielplatz.
Nun wird es Zeit heimzugehen, aber Tim ist so begeistert, dass er nicht nach Hause gehen möchte. Das weiß der Vater, denn so ist es jedes Mal.

Um Tränen, Geschrei und das Abschleppen des Kindes zu vermeiden, fragt der Vater lieber seinen Sohn, was er zum Abschluss noch machen möchte.
„Du, Tim, wir gehen gleich los. Möchtest du noch einmal rutschen?"
„Oh, lieber schaukeln. Aber noch dreimal", antwortet Tim.
„OK, dann los", war der Vater einverstanden.

Nach dem 3. Schaukeln ging Tim gleich zu seinem Vater.

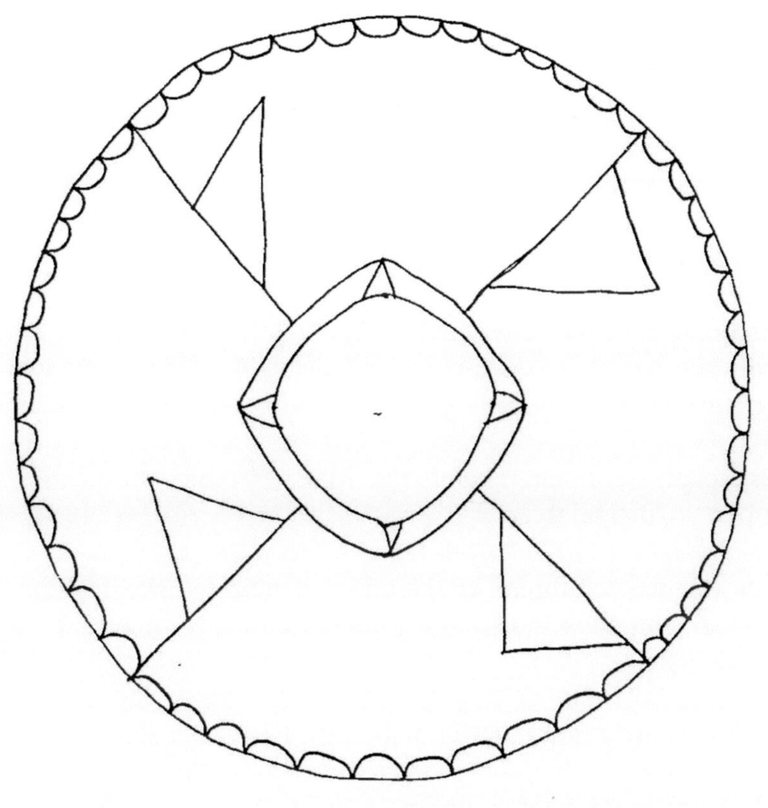

## Was macht Mama eigentlich so am Abend?

Der Tag geht zu Ende. Für die Mama von Max kehrt Ruhe ein. Nun hat sie Zeit zum Entspannen. Sie genießt einen netten Film und strickt für sich einen schicken Pullover. Da hört sie schleichende Gehgeräusche und konnte sich schon denken, dass es Max war. Max war einfach zu neugierig und wollte noch mal sehen, was seine Mama jetzt wohl macht.
Da seine Neugier stärker war, konnte er nicht einschlafen.
Aber seine Mama ist ärgerlich, denn es war nicht das 1. Mal, dass Max so ihren Abend störte.
Die Mama reagiert daher etwas schroffer: "Ich habe jetzt keine Zeit mehr für dich, denn nun hat meine Eltern-Zeit angefangen. Unsere Zeit war am Tage. Ich habe dich bereits ins Bett gelegt und nun bin ich mit anderen Dingen beschäftigt."
Das war schon sehr interessant für Max: Womit würde sie sich wohl beschäftigen? - Also blieb er.

Die Mama wendet sich ihrer Tätigkeit zu und beachtet Max nicht mehr. Da der Fernseher lief, sah Max immer noch keinen Grund zu gehen. Es war einfach noch zu spannend.

Die Mama ist ja nicht dumm und schaltet den Fernseher ab.
Nun wurde es Max doch zu langweilig und er ging alleine in sein Zimmer und legte sich sofort zum Schlafen ins Bett.
Denn eigentlich war er ja sehr müde.

# Hilfe, ich kann nicht so viel aufräumen!

Es ist abends und kein Durchkommen in Isabells Zimmer. Die Eltern möchten, dass Isabell vor dem Schlafengehen aufräumt. Denn manchmal träumt Isabell nachts und wenn ein Elternteil im Dunkeln durch das Zimmer tappt, haben sich schon manche Füße weh getan.

„Isabell, vergesse nicht, aufzuräumen", sagt die Mami ganz freundlich.

Aber Isabell möchte nicht, da es zu viel ist. Sie weiß einfach nicht, wo sie anfangen soll.

Nun wird der Vater ungeduldig und schimpft mit Isabell: „Wenn du nicht gleich aufräumst, hole ich die Mülltüte und es kommt alles weg, was ich am falschen Platz finde!"

Nun wird Isabell wütend: „Das darfst du nicht, dass ist mein Kinderzimmer und mein Spielzeug."

„Gut, dann kommen wir auch nicht mehr in dein Zimmer, wenn du Hilfe brauchst."

„Ihr seid blöd."

„Sei nicht so frech, sonst gibt es eine Woche Fernsehverbot."

Nun hat Isabell doch noch eine Idee gefunden, denn Papa macht seine Drohung sonst wahr, auch wenn es Isabell noch so ungerecht findet. So macht sie ihren Eltern einen Vorschlag: „Gebt mir doch einen Eimer und ich schaue selber nach, was weg kann. Bei dem restlichen Spielzeug kann Mami mir dann helfen und ich helfe ihr dafür morgen beim Bettenmachen."

Die Eltern schauen sich schmunzelnd an, warum nicht und stimmten Isabell aufmunternd zu: „Na, dann los."

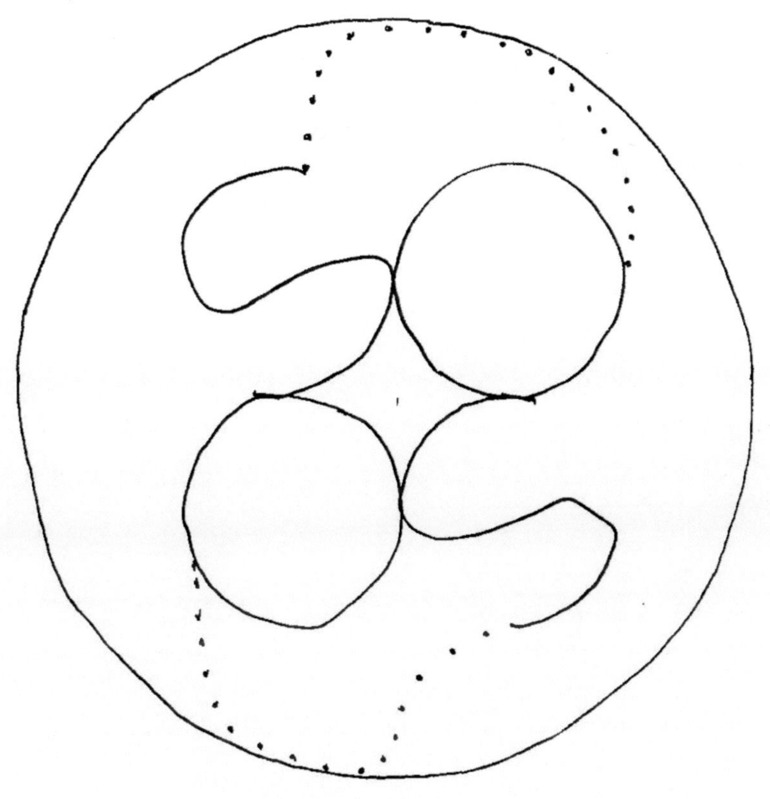

# Der nicht abgeräumte Tisch

„Freunde der Brotsuppe. Kann es sein, dass ihr heute etwas tütelig seid?", fragt die Mutter ihre beiden Banausen.

„Kommt mal her. Hier steht noch etwas, was meine Freunde wohl nur vergessen haben, wegzuräumen!"

Kichernd stellen die Brüder ihr Geschirr bei der Spüle ab.

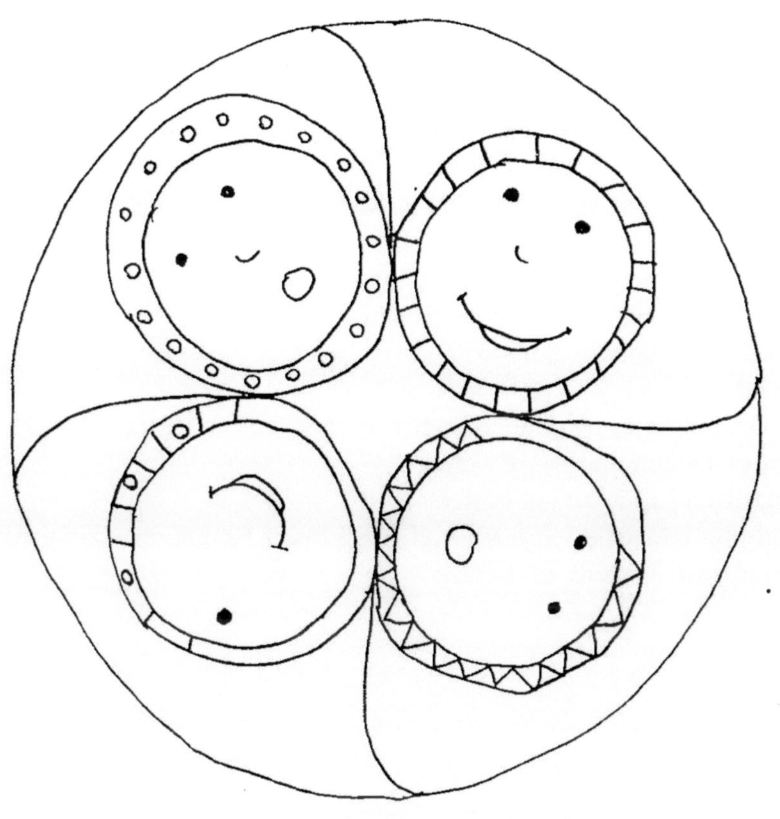

## Mamas Tränen aus Lissies Augen

Lissie macht mal wieder beim Einkaufen Theater, da sie am liebsten alle Bonbons mitnehmen möchte.
Die Mutter ist schon ganz wütend.

Eine nette Frau sah den Kampf zwischen Mutter und Kind und tippt lachend auf die Brust des Kindes: "Du kleiner Wurzelzwerg. Machst du das öfter? Deine Mama ist schon ganz traurig, denn sie möchte so gerne mit dir in Ruhe und mit Spaß einkaufen gehen. Schau, da kommen die ersten Tränen von deiner Mama. Siehst du sie?"

"Nein? Dann sind die Tränen deiner Mama wohl bei dir rausgekullert. Wollen wir Mamas Tränen mal wegwischen?"
"Ja", traut sich Lissie zu antworten.
"So, und nun wünsche ich euch viel Spaß beim Einkaufen, damit Mama nicht mehr traurig ist. Tschüß, du Große."

♥ *Liebe Eltern ...*
Böse Blicke oder Worte helfen einer Mutter **und** dem Kind nicht. Auch Mütter sollten Verständnis für andere Mütter zeigen!

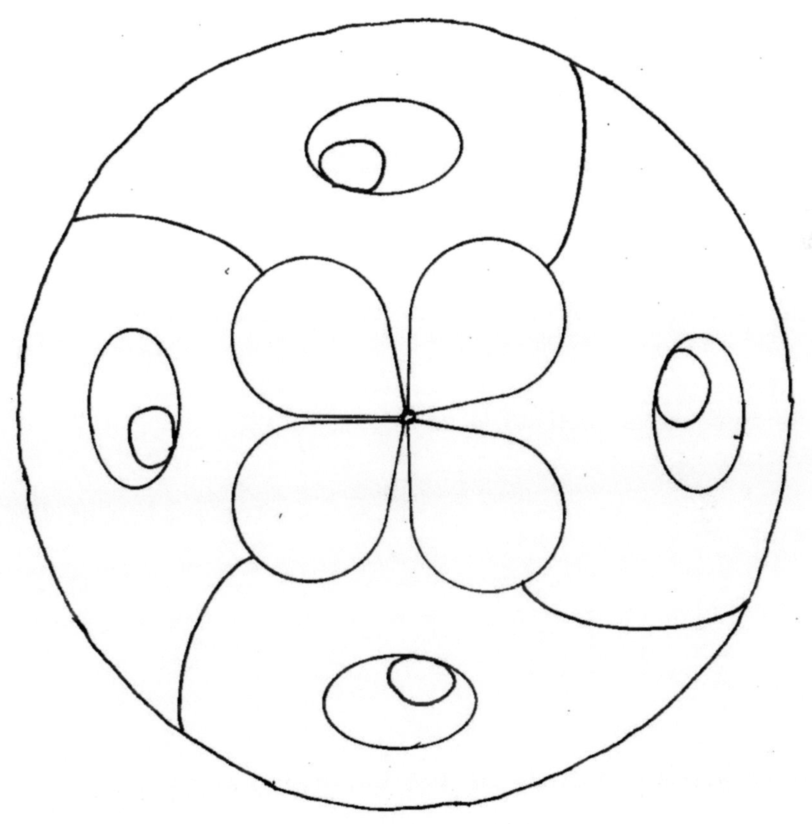

39

## Heikes Mama bleibt cool!

Plötzlich spuckt Heike mitten im Wohnzimmer auf den Boden. Die Mutter ist entsetzt, versucht aber cool zu bleiben, denn mit Schimpfen würde sie jetzt nur das Gegenteil erreichen.

„Ups, was ist das? Ist dein Mund so voller Spuckewasser, dass es nicht mehr drinbleiben möchte?"
Heike nickt fleißig mit dem Kopf.

„Na, dann wollen wir mal draußen ein freies Plätzchen suchen. Da kannst du dann Spucken so viel, wie du magst."

Heike hört nun ganz schnell auf, denn extra dafür rausgehen, wollte sie nicht.

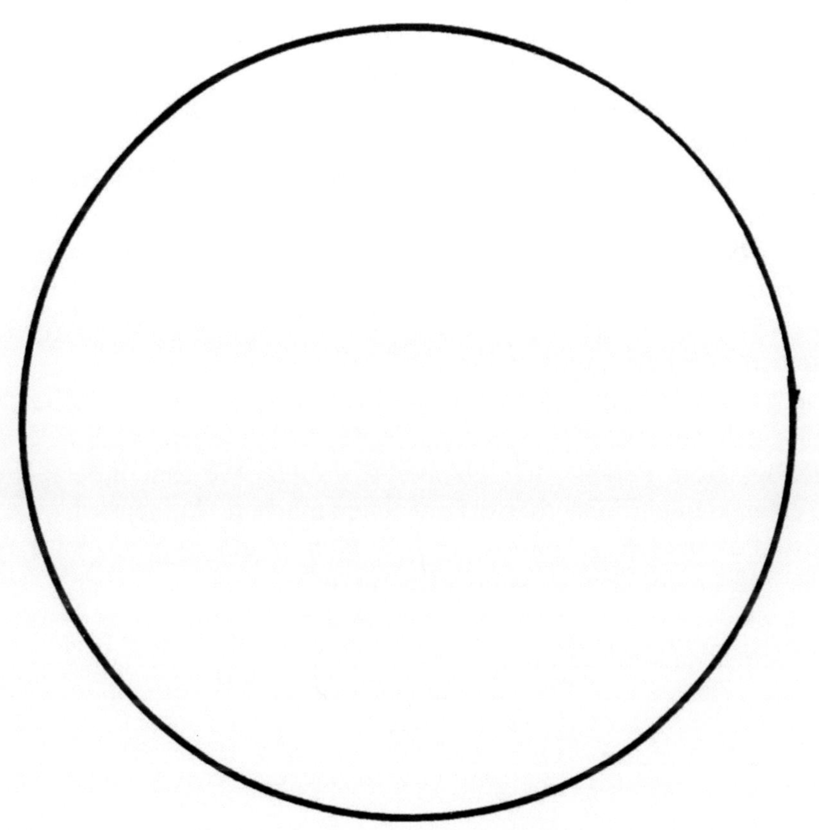

# Spät am Abend

Es ist bereits 8 Uhr am Abend. Tim durfte bereits eine Stunde länger spielen, da es ein herrlicher Sommertag in der Woche war.

Aber es war noch nicht genug und Tim quengelt: „Papa, darf ich noch eine halbe Stunde draußen bleiben?"

„Nein", antwortet der Papa kurz und knapp, da lange Diskussionen und Erklärungen nur zu Gegenargumenten führen. Aber Tim ist so sehr davon überzeugt, noch nicht aufzugeben und bettelt weiter: „Ich will aber. Du bist sonst gemein. Du bist dann nicht mehr mein Freund."

Cool bleiben, war jetzt angesagt für den Papa.

Er schnappt sich seinen kleinen Frechdachs und spielt mit verstellter Stimme Arzt:

„Guten Tag, Herr Patient. Ich glaube, ich sollte Sie mal untersuchen. Ich möchte einen kleinen Flüsterhörtest mit Ihnen machen. Aufgepasst."

Nun flüstert er ins Ohr: „Hörtest, 1, 2, 3. Nun ist alles vorbei. Ich habe dich lieb, piep, piep, piep. Danke - sprach Dr. Anke."

Nun war Tim alles klar!

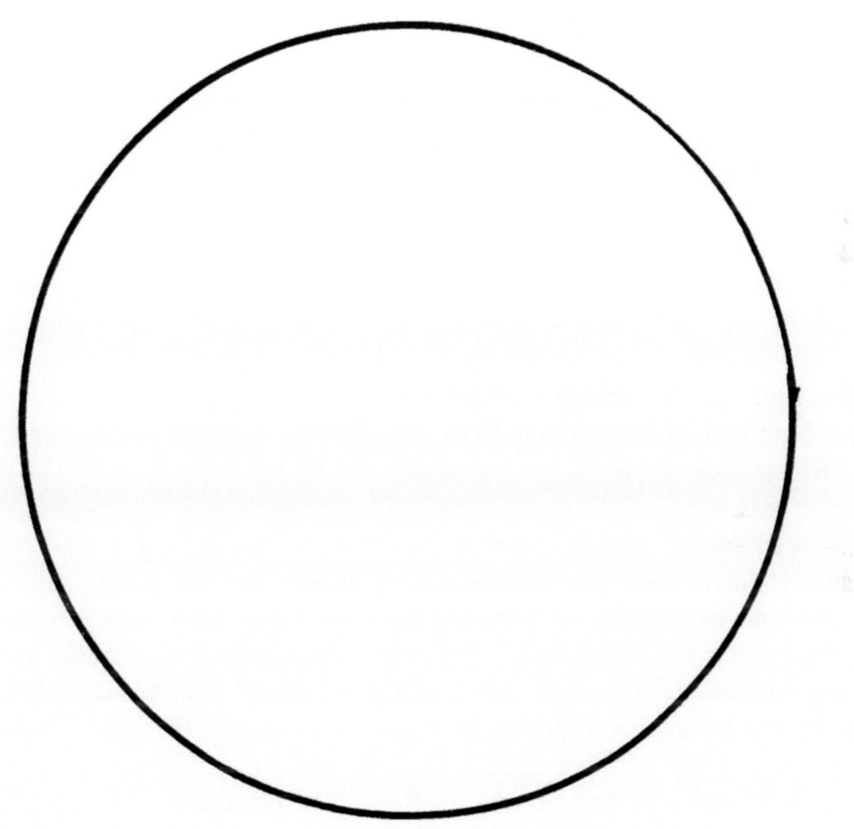

# Hauptsache es macht Spaß

Die Geschwister Maria und Sebastian haben von ihrer Mama Motive zum Malen von window-colour bekommen.

Es macht ihnen sehr viel Spaß, so schnell ein eigenes buntes Bild zaubern zu können. Aber Mama gefiel nicht, dass Sebastians Farben verliefen. Er könne doch besser aufpassen!

Sebastian schaut enttäuscht, er hatte sich doch so viel Mühe gegeben und Spaß gehabt.

Nun bekam er von Papa Verstärkung: "Weißt du was, Peter. Mir gefällt dein Bild. Wenn es Mama nicht gefällt, soll sie sich doch selbst eins machen."

Peter strahlte wieder über beide Backen: "Genau, Papa."

Fröhlich und voller Stolz klebte Peter sein Bild an sein Kinderzimmer-Fenster.


♥  *Liebe Eltern ...*

Jeder hat einen anderen Geschmack! Stärken Sie Ihr Kind, sein eigenes "Produkt" anzuerkennen. Beobachten Sie stets: "*Wie* macht es mein Kind? Hat es Spaß, ist es mit Freude dabei?" Dann gibt es sich auch seine beste Mühe.

Wissen Sie nicht, wie ihm das fertige "Produkt" gefällt, halten Sie sich zunächst mit Ihrem Urteil zurück und fragen Sie zuerst Ihr Kind: "Wie gefällt es dir? Wie fühlst du dich dabei? Bist du mit dir zufrieden?" Kommen Sie darüber ins Gespräch, was sie so alles Besondere erkennen und fragen Sie z.B.: „Ist das etwa ein Hase?" Die Kinder haben dann einen Anhaltspunkt, werden zustimmen oder einen korrigieren.

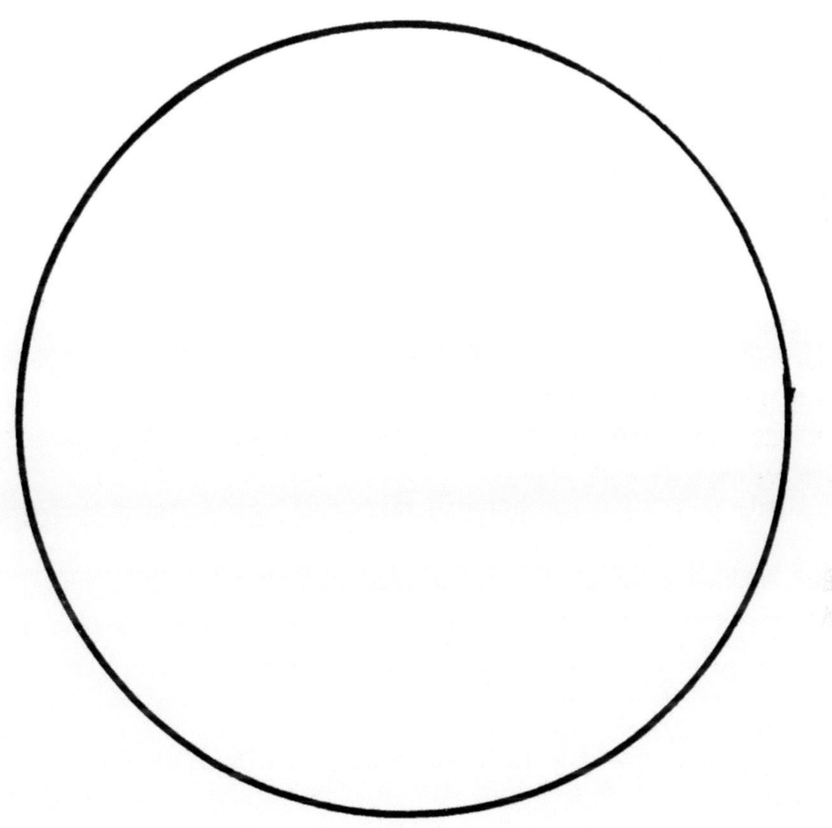

## Was mache ich bloß?

„Meine Nase läuft", nölt Nina.
„Ja? Wo läuft sie denn hin?"
Keine Reaktion.

„Papa, meine Nase läuft."
„Du, die ist bestimmt schon zu Hause."
Keine Reaktion.

„Papa, hast du ein Taschentuch?"
„Na klar, habe ich ein Taschentuch."
Weiter reagiert der Papa nicht.

Ein paar Grübel-Minuten später:
„Papa, kannst du mir ein Taschentuch geben?"

„Treffer. Na klar, kann ich dir ein Taschentuch geben."


♥ *Liebe Eltern ...*
Achten Sie drauf, ob Sie zu schnell reagieren und hellseherische Kräfte anwenden!
Fordern Sie Ihr Kind, sich genauer auszudrücken, was es von Ihnen möchte.

## Klingeling, ling, ling ...

Die Kinder sind draußen und spielen. Welch' eine Ruhe. Die Mama setzt sich gemütlich in den Sessel und freut sich auf ein kleines Nickerchen.

Klingeling. Sie mag nicht aufstehen.

Klingeling, ling, ling.

Es fällt ihr schwer aufzustehen, denn meistens lohnt sich aus ihrer Sicht der Weg nicht. Geht sie jedoch nicht an die Tür, würde das Klingeling nicht aufhören und womöglich gegen die Tür gebollert, denn Kinder haben viel Zeit und Geduld, wenn sie wollen.

Der Hals ist voll, aber ausrasten lohnt sich nicht. Wie können die Kinder nur verstehen, dass es Momente gibt, in denen man nicht an die Tür gehen kann oder möchte? Denn wissen tun sie es schon!

Endlich kommt ihr eine simple Idee, denn das viele Reden: „Einmal klingeln reicht ...", scheint einfach nicht zu wirken.

Sie öffnet kurz die Tür: „Wir üben jetzt, wie ich das mit einmal klingeln meine. Achtet drauf: Einmal klingeln und geduldig warten. Kommt keiner, geht es nicht." Es ging sehr schnell und schon war die Tür wieder zu.

Die Kinder glauben es noch nicht, dass die Tür einfach wieder zuging, ohne ihnen zuzuhören und klingelten wieder mehrmals hintereinander.

Die Tür öffnet sich wieder ganz kurz: „Schade, es hat noch nicht geklappt", und schon schloss die Mama wieder die Tür.

Was meint ihr? Können die Kinder zukünftig geduldiger warten oder es später noch einmal ausprobieren?

 *Liebe Eltern ...*

Verhaltensweisen, die Eltern stören, können durch Wiederholung einer anderen Verhaltensidee verändert werden. Entweder Sie geben etwas vor oder fordern die Kinder nach anderen eigenen Ideen auf.

Haut ein Kind immer wieder seinen Bruder, wenn ihm etwas weggenommen wird, kann mit dem Kind gemeinsam nach einer anderen Möglichkeit gesucht werden und dieses nach dem Motto „Erst dies, dann das", vor allem, wenn es sich weigert, wiederholt werden.

# Biete mir doch eine Alternative an

Mache ich in deinen Augen mal wieder Blödsinn beim Händewaschen? Ist eine Überschwemmung bald in Sicht?

Wenn du schon merkst, wie sehr mir etwas Spaß macht, verdirb mir nicht zu schnell die Freude daran, denn nichts ist sinnlos, was ich tue, wenn ich konzentriert dabei bin und es immer wieder wiederhole.

Biete mir doch einfach eine Alternative an. Lass mich abwaschen und den Geschirrspüler ruhen. Oder gebe mir im Garten oder im Bad einen Eimer Wasser und ein paar Becher.

Du kannst mich auch fragen, ob ich eine alternative Idee finde, dann lehne ich aus Trotz deine Ideen nicht ab, denn sie kam ja dann von mir.

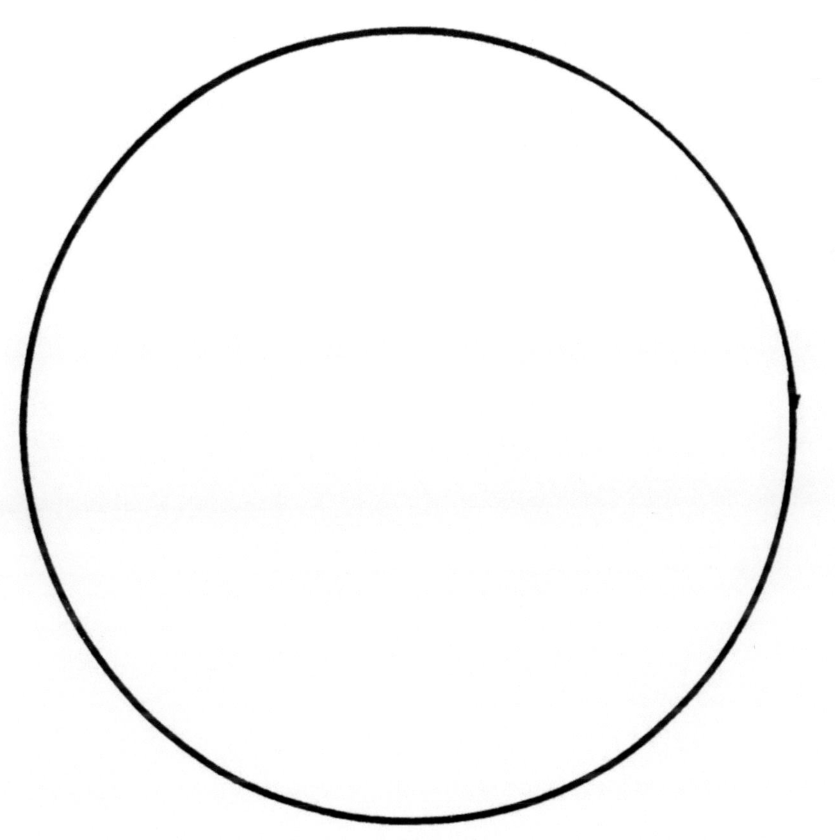

## Vor dem Essen waschen wir die ...

„Wer seine Füße noch waschen muss, der kann jetzt noch schnell gehen!", ruft der Vater zu seinen Kindern.

„Hä, Papa, ich wasche doch nicht meine Füße. So ein Quatsch. Meine **Hände** muss ich noch waschen. Hast du das nicht gewusst, Papa?"

Und seitdem erklärt das Kind dem Papa, dass es ganz wichtig ist, vor dem Essen an die Hände und nicht an die Füße zu denken.

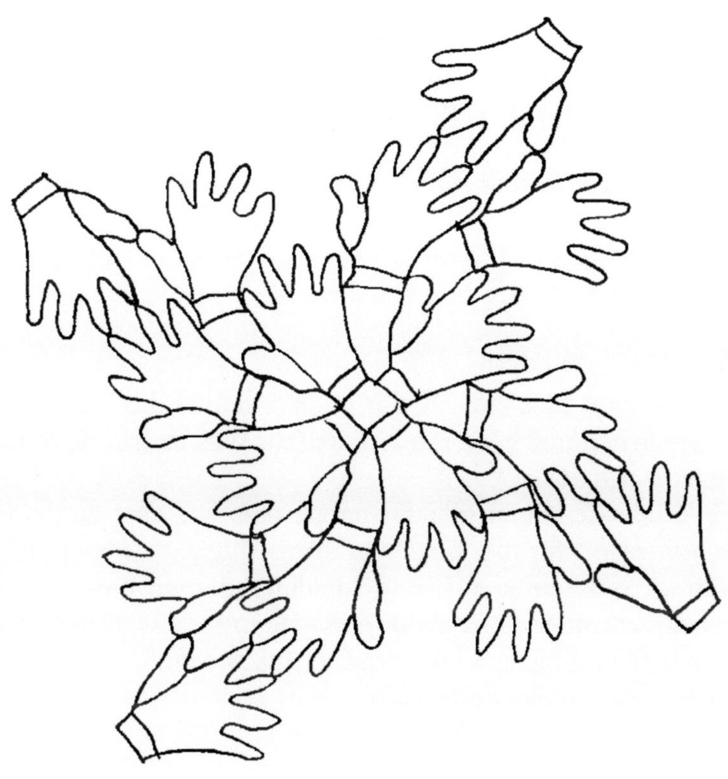

# Tommi möchte sein Essen verschenken

„Papa, du hast doch gestern mit mir geschimpft, weil ich meinen Teller nicht aufessen wollte. - Ich habe es mir heute überlegt und möchte es wieder gut machen, damit du nicht mehr schimpfen kannst."

„So? Dann erzähle mal."

„Wir gehen heute zur Post und schicken meinen Teller zu den armen Kindern, von denen du immer erzählst. - Rufst du mich, wenn wir los können?"

„Weißt du, das ist eine ganz tolle Idee. Aber eigentlich möchte ich, dass *du* es isst, damit du nicht so hungrig bist wie die anderen Kinder. Da haben wir uns wohl missverstanden."

„So?", schaut Tommi skeptisch.

„Da fällt mir eine gute Idee ein: Du darfst dir zweimal die Woche ein Gericht deiner Wahl aussuchen und beim Kochen helfen. Was meinst du dazu?"

„Ja, das könnten wir machen."

„Auf dem Teller mache ich dir gleich weniger drauf, so dass du ihn immer leer schaffen könntest. Und für die Kinder in armen Ländern sparen wir in deiner Spardose Münzen und kaufen z.B. Babykleidung, die wir hinschicken können. Denn Esssachen versenden ist schwierig, da sie unser Essen nicht kennen und womöglich auch nicht mögen. Vieles wird auch schlecht."

„Oh, danke Papa. Das ist eine tolle Idee."

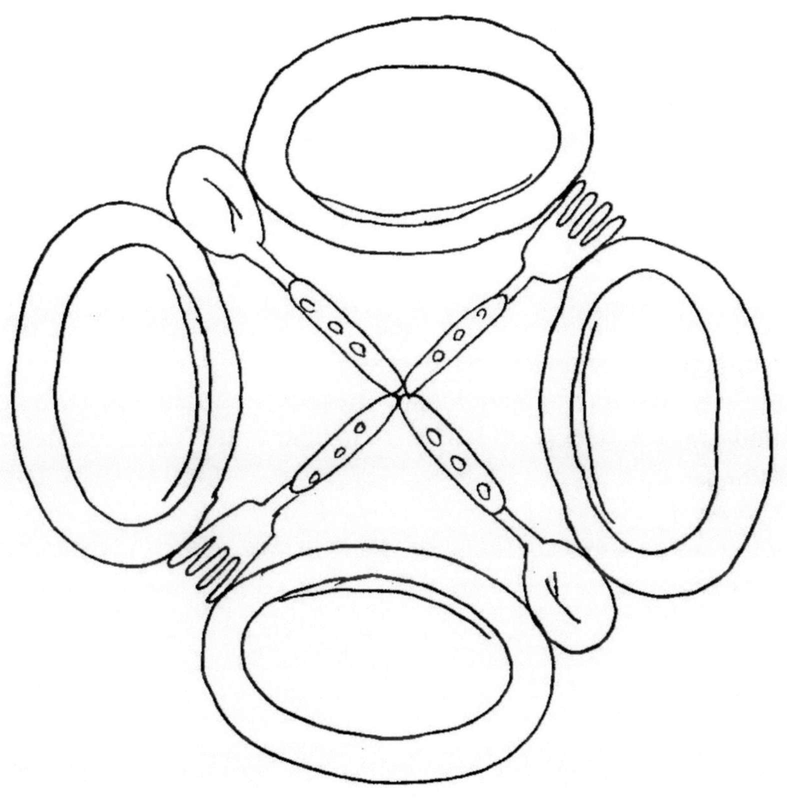

# Bockwürstchen schmecken lecker

Andrea war es langweilig. Da kam ihr die Idee, noch einmal fern zu sehen, obwohl sie genau wusste, dass sie nur einmal am Tag schauen durfte.
Natürlich sagte ihr Vater nein.
Aber Andrea war heute überzeugt, dass der Vater umzustimmen sei, wenn sie nur richtig deutlich machte, dass sie es ernst meinte.

Also stampfte Andrea mehrmals wütend auf und schrie nölig zum Vater: „Ich will aber. Ich will aber."

Da sie nicht mehr zuhörte, wie der Vater auf sie einredete, fiel dem Vater nur noch das witzige Bockwürstchenspiel ein.
„Weißt du was? Ich habe gerade einen Riesenhunger auf Bockwürstchen. Ich komme und hm, schmeckst du lecker", knabberte der Vater spaßig an seinem Kind herum.

Nun konnte Andrea wieder lachen und die Wut war schnell vergessen.


♥ *Liebe Eltern ...*
Knödel für nölig/nödelig statt Bockwürstchen funktioniert auch bei nöligen Kindern.

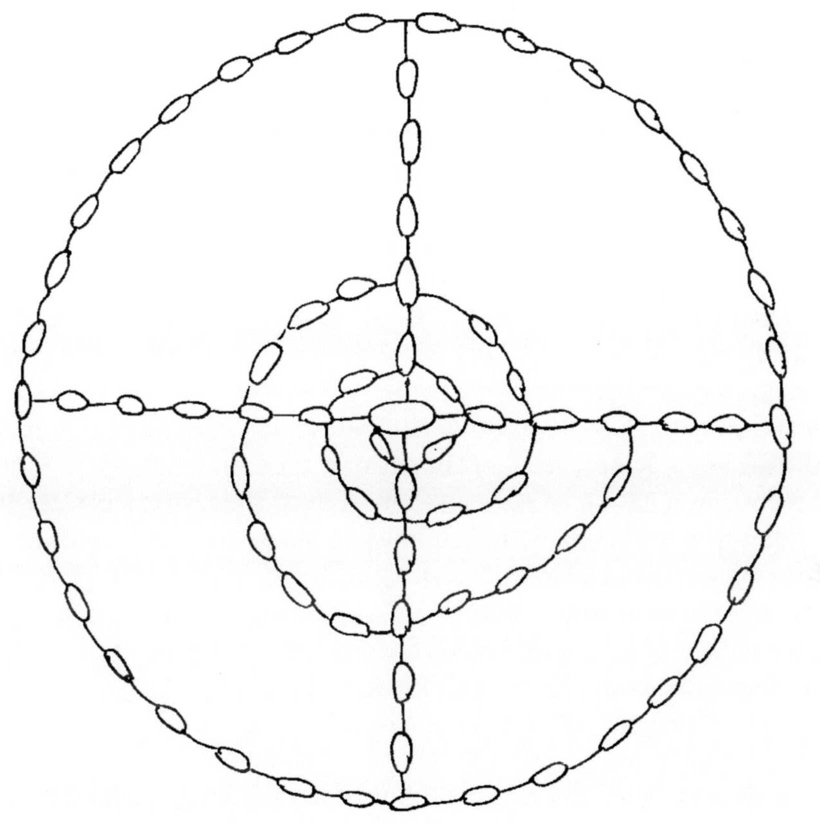

# Warum bist du traurig?

Die Eltern wussten einfach nicht, warum ihr Kind so viel Stress machte und traurig wirkte. Sie wendeten sich daher an eine Fee und baten sie um Hilfe.

Die Fee nahm sich Zeit und schrieb einen netten Brief mit vielen bunten Bildern, da das Kind selbst noch nicht lesen konnte.

Voller Spannung warteten die eingeweihten Eltern auf die Post und die Reaktion ihres Kindes.

Der Vater öffnete den Briefkasten und schimpfte wieder: „Immer nur Post für Mama, Mama, Mama. - Oh, was ist das? Hier steht ja Ole drauf!"

Ole kam angelaufen und staunte: Ein Brief für ihn ganz allein. Der 1. Brief, das gab es noch nie.

Die Eltern lasen den Brief vor:

Ich bin eine Fee: Deine Eltern erzählten mir, dass du ganz oft so traurig bist. Das brauchst du nicht zu sein, denn deine Eltern sind ganz stolz auf dich und haben dich super doll lieb. Sie haben mir ganz viele Sachen von dir erzählt, die du schon prima erledigen kannst:

Du kannst ohne Probleme mit der Kaffeemaschine umgehen.

Du bist Mama eine große Hilfe beim Backen.

Du kümmerst dich ganz toll um euren Vogel.

Du übst mit Begeisterung, dass euer Hund auf dich hört.

Du kannst deinen Bruder Peter ganz toll trösten und ihm auch helfen.

Du kannst toll aufstehen und gehst gerne abends schlafen.

Du bereitest dir gerne dein Frühstück vor.

Du bist ein toller Esser, der sehr selten etwas nicht mag.
Du bist sehr sicher beim Toben und Klettern.
Du guckst dir gerne und lange Bücher an.
Du kannst wunderbar zuhören - vor allem bei Geschichten.
Du hältst lange durch bei Radtouren und Wanderungen.
Du bist ein begeisterter Handwerker und Baumeister.

Stolz pinnte Ole den Brief in sein Kinderzimmer und war nicht mehr traurig.

# Wie sieht ein Hase aus?

Michelle malt einen Hasen.
„Na, wo ist denn da die Nase?"
Das Kind tippt mit dem Finger drauf.
Die Mama macht sich ein Spiel daraus.

„Nein, das glaub ich nicht, das ist doch bestimmt der Pöter." Michelle fängt an zu lachen: „Nein, das ist doch die Nase und hier ist der Pöter!"
Die Mama hat's verstanden: „Ach, so. Aber 5 Beine hat der Hase."
Michelles Mama hat keine Ahnung. „Aber Mama, das sind doch 4, du Nase."

„Aber 4 Augen hat es bestimmt", meint die Mama zu wissen.
Michelle lacht sich kringelig: „Da ist doch nur eins in der Mitte."
Nun wird das Spiel noch lustiger, denn die Mama ist ganz durcheinander.
„Ach so, ich habe ja auch 3 Augen. Stimmt ja."
Michelle guckt die Mama verwundert an: „Du hast doch nur 2 Augen! Da!"
Ach, kann Michelle doch zählen? Hat sie doch aufgepasst?
Schmunzelnd meint die Mama: „Und der Hase hat nur 1 Auge oder was?"
Michelle hat's bemerkt: „Ach nein, es hat auch 2 Augen. Das kannste mir glauben!"

♥ *Liebe Eltern ... - Zahlen lernen durch Quatsch*
Das Kind lernt so, zu hinterfragen und mehr als nur mit ja oder nein zu antworten.

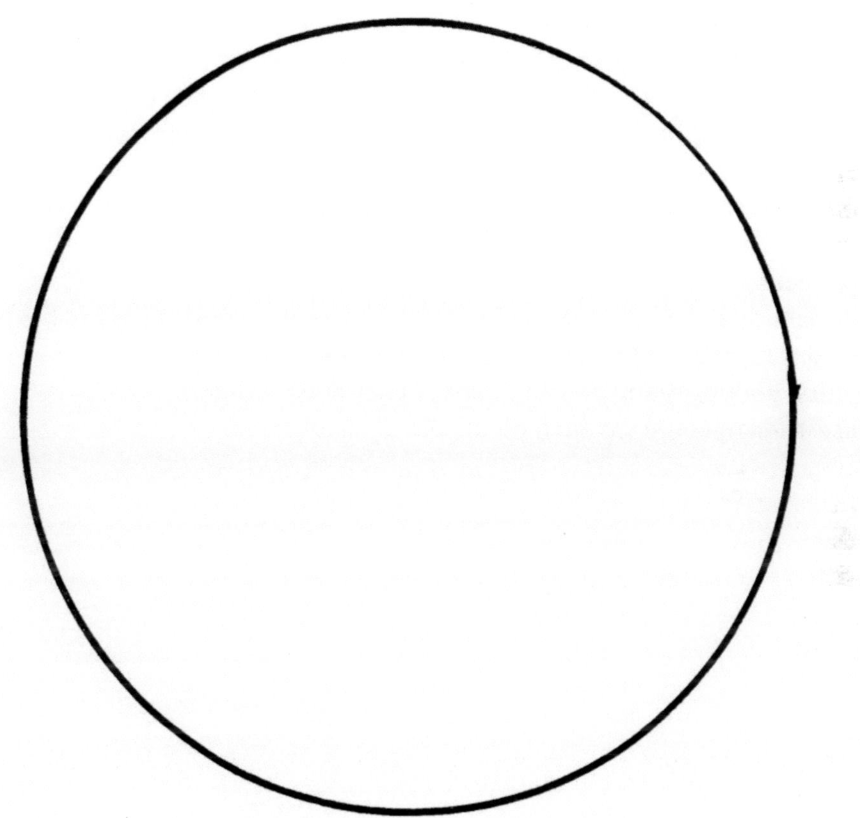

# Eiszeit

Im Sommer wird gerne viel Eis geschleckt. Daher ist bei der Familie Steinbecker auch immer Eis im Gefrierschrank da. Das wissen auch die Kinder und daher wird oft gequengelt. Was da ist, möchten sie auch bekommen. Dabei soll es ein Vorrat sein, damit die Eltern nicht jeden Tag neu einkaufen müssen.

Das sieht die kleine vierjährige Angelina nicht ein. „Ich will jetzt ein Eis haben", fordert sie mal wieder.

Der Papa bleibt cool und leiert den bekannten Spruch runter: „Möchtest du heute ein Eis haben oder lieber morgen mit uns gemeinsam?"

„Papa, heute."

„Gut, dann bekommst du deins heute und morgen kannst du keins bekommen. Ist dir das recht so? Denn wir essen unser Eis erst morgen."

Angelina überlegt ganz genau: „Papa, lieber doch morgen."

Denn zusehen wollte sie auch nicht.

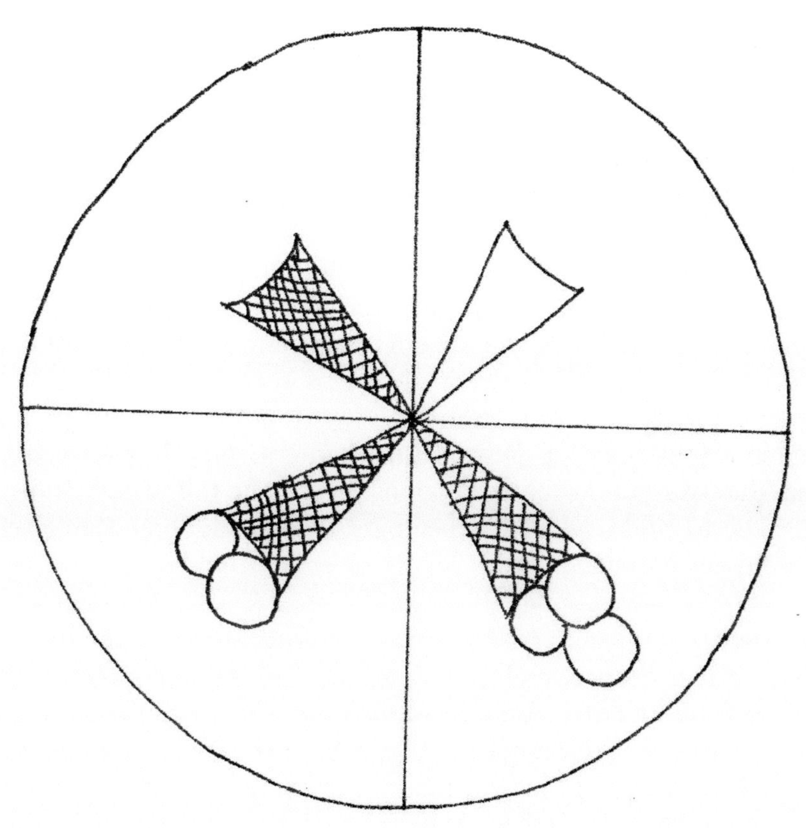

# Das bunte Bild

Am Maltisch langweilte sich die kleine Mira. Sie kann noch nicht malen und kritzelte nur. Denn sie weiß nicht, wie sie es machen soll und hat eigentlich keine Lust dazu.

Ich malte ein Blumen-Mandala-Bild aus. Neugierig schauten die Kinder zu. Ich ermunterte die Kinder Farben für mein Bild auszusuchen und sie durften mir auch sagen, welche Form ich damit ausmalen soll.
Die Kinder machten eifrig mit und lernten so, mir die richtigen Farben zu geben. Und mir zu helfen, war für sie ein tolles Gefühl - ohne selbst malen zu müssen!

Zwischendurch fragte ich, ob jemand Lust hätte, mein Bild weiter zu malen. Die kleine Mira war nun Feuer und Flamme und malte mit Begeisterung kleine Kreise aus. Dieses Bild wollte sie unbedingt behalten und ihrer Mama zeigen. Ob Mira wohl wieder malen wird?

♥ *Liebe Eltern ...*
Vorbild sein bringt oftmals mehr, als jemanden direkt anzusprechen bzw. zu versuchen, es zu motivieren. Auch ist es nicht notwendig zu malen, wenn man Freude für's Malen wecken möchte. Führen Sie Ihr Kind in kleinen Schritten zum Malen. Um malen zu können, muss nicht gemalt werden. Gestaltung ist der 1. Schritt: reißen und kleben, hauchen und mit Fingern an Fenster oder Spiegel malen, durch Mal-Massage auf den Rücken mit Fingern oder Gegenständen, durch Abdrücke mit Gegenständen ...

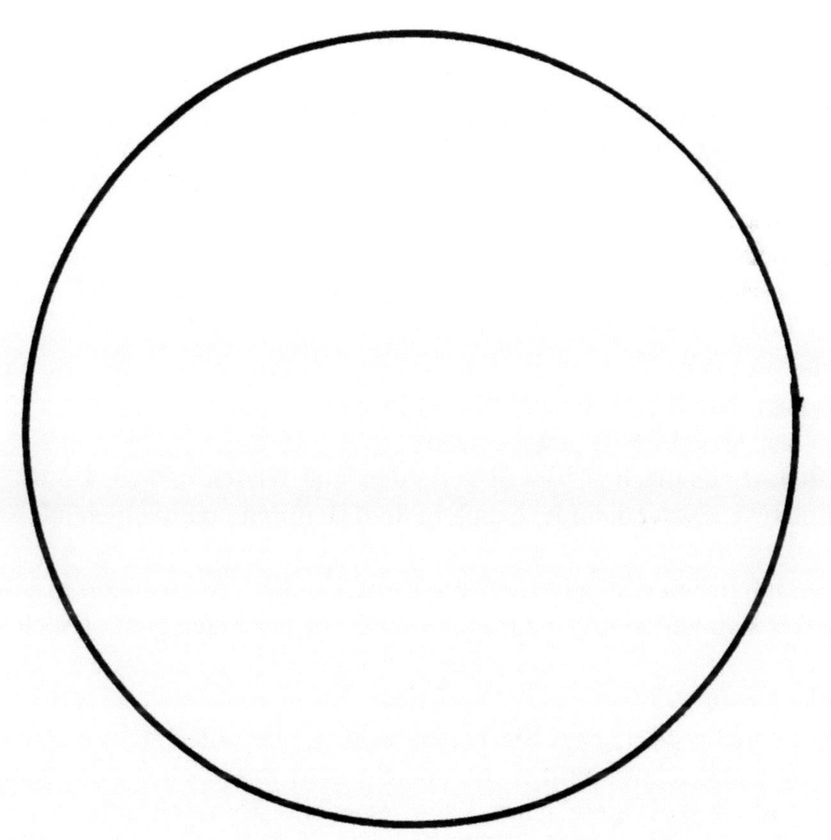

# Was hast du bloß?

„Aua, aua, aua", weint Mirco immer wieder. Er wird sogar wütend und schreit dabei.

Vater Sascha fragt ihn immer wieder, was er hat. „Wo tut es denn weh?" „Was ist los?" „Nun sag es schon." Aber Mirco weint weiter.

Der Vater möchte Mirco anfassen, um nach einer Verletzung zu suchen. Mirco wehrt ihn wütend ab.

Nun weiß Vater Sascha nicht mehr, wie er Mirco helfen soll, denn er kann einfach nichts sehen und hat auch nicht mitbekommen, was passiert ist.

Eine Idee fiel dem Vater noch ein. Er fragt Mirco: „Mirco, was möchtest *du* nun machen?" „Ich brauche eine Wärmflasche."
Endlich war Mirco wieder ansprechbar.
„Wer soll sie dir machen?", will der Vater nun wissen. „Papa, kannst du mir diese füllen?" „Okay, dann lege dich in dein Bett. Ich komme gleich."

Mirco beruhigt sich und geht tatsächlich auf Vater Sascha wartend in sein Bett. Nun ließ er sich helfen und die Bauchschmerzen verflogen ganz schnell.

♥ *Liebe Eltern ...*
Passiert es Ihnen öfter, dass Sie helfen wollen, aber alle Ihre Vorschläge von Ihrem Kind abgelehnt werden? Achten Sie mal drauf, ob Sie Ihr Kind nach seinen Wünschen fragen, dann kann es nicht immer wieder mit „Nein" gegenreagieren und Sie erhalten die Chance zu entscheiden, ob es möglich ist.

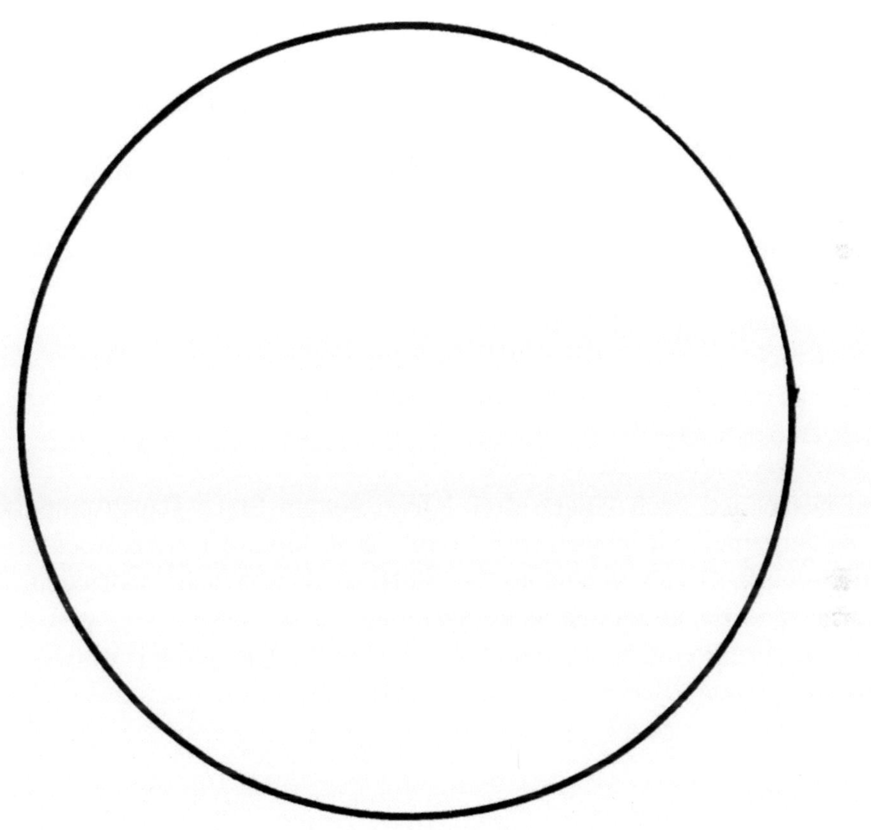

## Mein Geschmack kann sich ändern

Steffi aß Bananen sooo gerne. Morgens, wenn die Mama das Frühstück für den Kindergarten vorbereitete, wünschte sie sich meistens eine Banane.

Eines Tages war die Banane in der Tasche geblieben, denn Steffi wollte sie nicht mehr essen.

Die Mama verstand es gar nicht. Denn noch einen Tag vorher fand Steffi Bananen lecker und war sogar gierig darauf. Sie vermutete, dass jemand im Kindergarten einen blöden Spruch gemacht hatte. So wie: „Iiiih, Bananen."

Die Mama hoffte, dass Steffi irgendwann doch wieder Bananen essen würde, deshalb machte sie Steffi Hoffnungen:

„Es ist nicht schlimm, wenn du keine Banane mehr magst. Dein Geschmack wird sich noch öfter verändern. Es kann sein, dass du bald wieder gerne Bananen essen wirst."

Und tatsächlich nach langen drei Jahren bekam Steffi Bauchschmerzen und etwas Durchfall. Sie glaubte der Mama, dass Joghurt mit zerdrückter Banane helfen wird. Gerne versuchte es Steffi und war sehr zufrieden, als die Bauchschmerzen so schnell weggingen.

Nun war der Bann gebrochen und sie aß wieder öfters gerne Bananen.

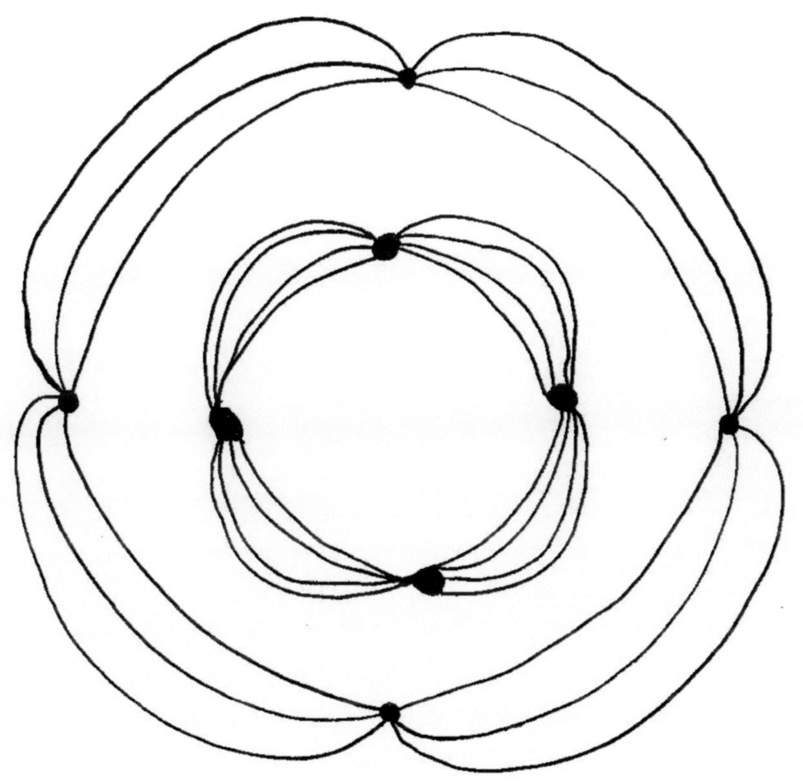

## Obst soll sich nicht ärgern

Nach dem Kindergarten leert die Mama die Brottasche und findet noch eine ganze Banane, die immerhin schon ganz schwarz geworden ist.
„Mama, ist die jetzt faul?", fragt ihre Tochter Melanie ganz neugierig.
„Ups, die hat sich wohl schwarz geärgert, weil du sie nicht gegessen hast."

Seitdem hat Melanie nie wieder Obst in der Tasche liegen lassen. Denn ärgern sollte es sich nicht so alleine da drinnen.

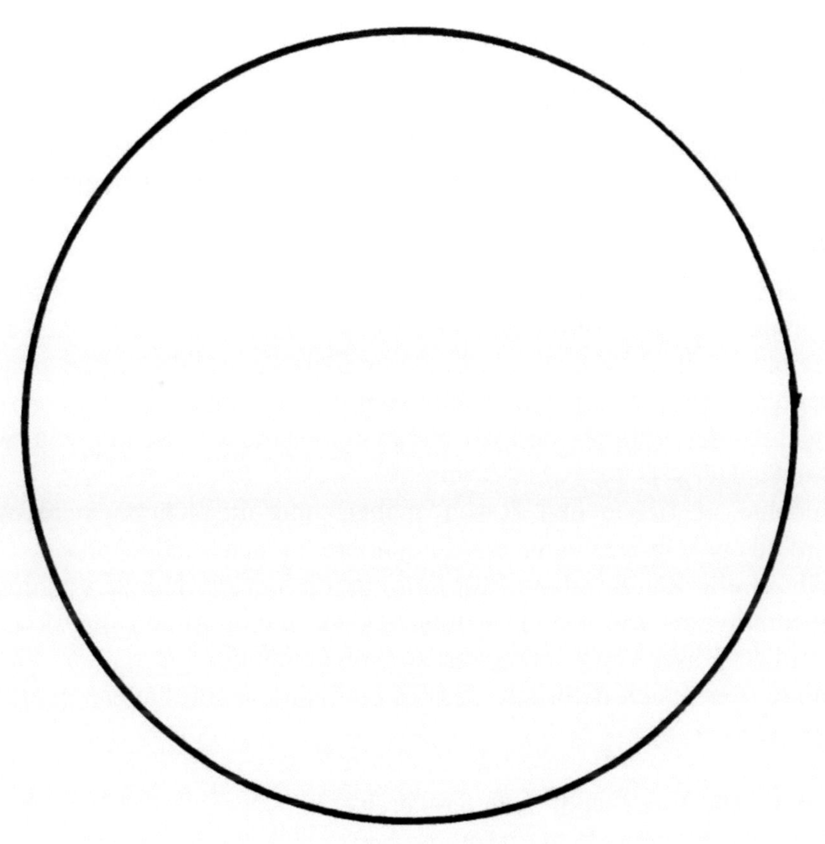

# Der verwirrte Vater

Bei Nico sieht es im Zimmer mal wieder sehr wüst aus. Aber aufräumen möchte er auf keinen Fall. Das ist immer so langweilig.

Die Eltern haben keine Lust, sich ständig mit ihrem Nico auseinanderzusetzen, daher erzählten sie Nico in gemütlicher Runde bei Kerzenschein eine Geschichte über Eltern, die wohl etwas durcheinander sind:

Der Vater fängt an, den riesigen Berg Geschirr abzuwaschen. Als das Geschirr in der Spüle liegt, fällt ihm ein, dass er das Mittagessen vorbereiten möchte. Nun beginnt er, die Zutaten rauszuholen und legt sie auf die Arbeitsplatte. Das Geschirr bleibt einfach liegen und fühlt sich ganz nass und traurig.
Irgendwie hat der Vater keine Lust mehr. Immer muss er Schnippeln, weil die Mama erst später von der Arbeit kommt.
Jetzt möchte er lieber den Rasen mähen und die Küche sieht wie ein Schlachtfeld aus. Ob die Mama wohl noch ihre Sachen wiederfindet?
Erst mäht er alle Ränder, dann fällt ihm ein, dass er die Hunde vergessen hat, die unbedingt raus müssen. Der Rasenmäher bleibt mitten auf dem Rasen liegen und der Rasen sieht putzig aus, so halb gemäht.
Die Hunde freuen sich natürlich, dass es endlich losgeht. Unterwegs fällt dem Vater ein, dass er ...

Was könnte dem Vater wohl noch passieren?
Habt ihr schon einmal solche Eltern gesehen?
Wisst ihr noch, was er alles liegengelassen oder vergessen hat?

 *Liebe Eltern ...*

Das Motto für äußere Ordnung könnte lauten: Erst dies, dann das!

Der Erwachsene als Vorbild muss anfangen. Verlange nichts von deinem Kind, was du selbst nicht kannst oder macht gemeinsam ein Spiel daraus. "Komm, wir beide üben das jetzt. Gemeinsam können wir uns anspornen."

Äußere Ordnung wirkt sich positiv auf die innere Ordnung aus. Dabei ist Weniger Mehr:

Das Spielzeugangebot wird immer umfangreicher, bietet aber zu wenig Einsatzmöglichkeiten, um den eigenen Erfindungsgeist anzuregen. Wie können Sie sich eigentlich entscheiden, wenn Sie vor Ihrem prall gefüllten Kleiderschrank stehen? Helfen Sie dem Kind mit dem Überangebot klarzukommen.

# Diese blöden Hausaufgaben!

Immer wieder das gleiche Theater. Mario hat einfach keine Lust, seine Hausaufgaben zu machen. Jede Ablenkung ist ihm recht. Wenn der Vogel piept, lauscht er ihnen lieber zu. Wenn das Baby weint, grübelt er nach, was es haben könnte. Wenn das Telefon klingelt, wünscht er sich, dass es ein Freund ist. Zwischendurch darf er nicht vergessen, den Stift wieder anzuspitzen. Ach ja, die Blase muss auch mal geleert werden. Und Durst! Durst hat er immer wieder.

So vergeht die Zeit. Wertvolle Zeit, die Mario nicht mit seinen Freunden spielen kann. Aber das merkt Mario nicht. Warum nur kann Mario sich nicht auf seine Aufgaben konzentrieren? Er kann sie doch und wäre normalerweise ruckzuck fertig?! Die Eltern grübeln abends öfter gemeinsam, was sie machen können, denn sie werden das Gefühl nicht los, dass Mario mit seinen Gedanken ständig woanders ist.

Da fällt der Mama ein: „Komisch, wenn er einen Zeichentrickfilm sieht, kann er sich wunderbar konzentrieren und hat ganz viel Geduld.”

Der Vater stimmt ihr zu: „Ja, da hast du recht. Also kann er sich konzentrieren. Aber der Anreiz scheint nicht da zu sein, es bei den Hausaufgaben zu tun.”

Am nächsten Tag lobte der Vater seinen Sohn: „Mensch Mario, uns ist aufgefallen, dass du sehr geduldig fernsehen kannst. Schaffst du das mit den Hausaufgaben auch? Ich kann es nämlich nicht glauben, dass du das schaffst.”

Mario will das nicht auf sich sitzen lassen: „Na logisch!” „Gut, dann beweise es mir. Wie lange brauchst du?“ „20 Minuten.” „Reicht dir das?” - „Na logisch!”

Was meint ihr? Hatte es Mario geschafft?

♥ *Liebe Eltern ...*

Geben und Nehmen ist ein wichtiges Instrument zwischen Eltern und Kind. Möchte Ihr Kind etwas von Ihnen, können sie auch etwas verlangen. Haben Sie eine feste tägliche Fernsehzeit eingeführt, sollte Ihr Kind Ihnen auch zeigen, dass es diese Belohnung verdient. Sollten bestimmte Dinge bis zu einer bestimmten Zeit nicht fertig sein, ist die festgelegte Fernsehzeit verpasst worden. So können Sie gegen Trödeleien angehen.

# Bist du traurig?

Wenn dein Spielzeug reden könnte, dann …


Ach nein, du arme Puppe, da auf dem Boden!
Hat man dich einfach vergessen? Möchtest du angezogen werden?
Willst du in dein Bettchen?


Ach nein, du armes Auto, da auf dem Boden!
Spielt keiner mehr mit dir? Möchtest du zurück in deine Kiste?


Ach, du armes Spiel, da auf dem Boden!
Bist du ganz durcheinander? Möchtest du wieder mit deinen Freunden zusammen sein? Soll ich dich in deine Schachtel packen und in dein Regal legen?


Ach, du armes Buch, da auf dem Boden!
Ist jemand einfach über dich rüber gelaufen? Tat dir das sehr weh? Will dich keiner mehr ansehen? Soll ich dich zu den anderen Büchern bringen, damit du nicht mehr so alleine bist?


Ach, ihr armen Steine, da auf dem Boden!
Ihr seid so durcheinander, dass ihr euch nicht mehr finden könnt! Wie sollt ihr da eine Burg werden? Soll ich euch wieder zusammen in eine Kiste packen?

♥ *Liebe Eltern ...*
Wie fühlt sich wohl Spielzeug, wenn es einfach so liegt?
Kinder identifizieren sich gerne mit "lebendigem" Spielzeug. Geben Sie dem Spielzeug Stimmen:
"Bitte spiel' mit mir." oder
"Bitte räum mich zurück, es ist hier so kalt."
Aufräumen sollte Spaß machen:
Wie wär's mit einem Lied oder Musik dazu?
Wie wär's mit Team-Arbeit?
Wie wär's mit "Nach dem Aufräumen können wir essen." in einem freundlichen, aber konsequenten Ton nach dem Motto
***"Erst dies, dann das"*.**

## Können Tiere reden?

Ein Kind erzählte mir stolz, eine Spinne zerdrückt zu haben.
Ich fand dies gar nicht so toll. Aber wie erkläre ich es diesem stolzen Kind, ohne es zu verletzen?
Also stellte ich ein paar neugierige Fragen:
„Und wie hat die Spinne reagiert?"
„Gar nicht", antwortete das Kind.
„Nichts gesagt?"
„Kann doch nicht reden", weiß das Kind.
„Hat es nicht aua gesagt?"
„Nee."

Das Kind grübelt immer mehr nach. Irgendetwas schien hier nicht zu stimmen.

„Weißt du, aber wenn Spinnen reden könnten, dann würden sie aua sagen. Ich würde eine Spinne daher nicht totmachen wollen", erklärte ich.

♥  *Liebe Eltern ...*
Ich tadel nicht, sondern rede von mir: „Ich würde die Spinne nicht töten." Auch tauche ich in die kindliche Phantasie-Denkweise, um Verständnis für ein nicht sprechendes Lebewesen zu erzeugen.

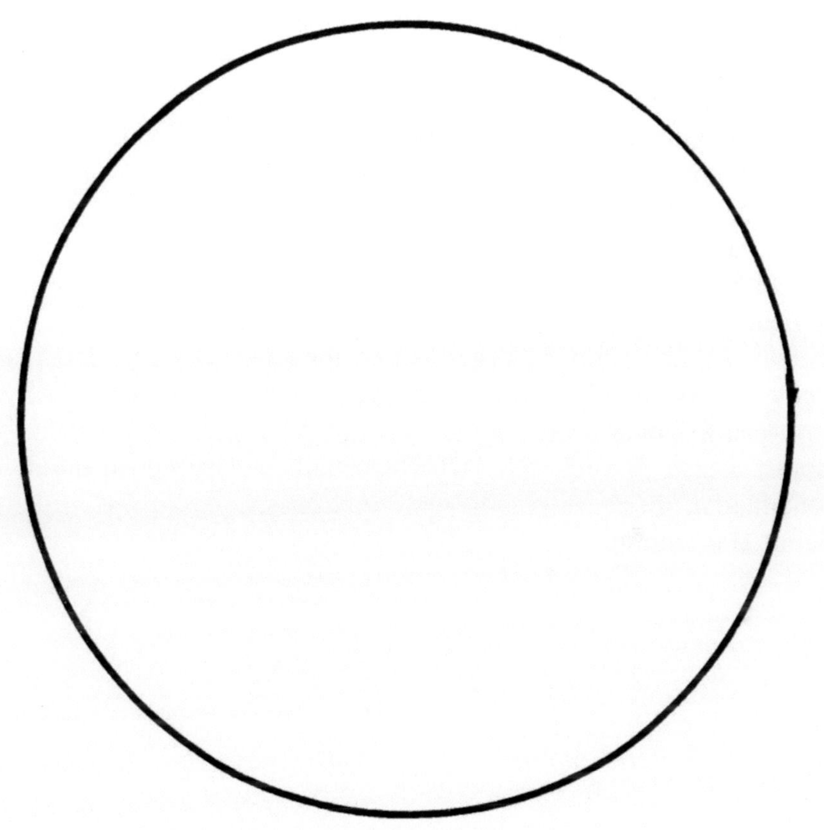

# Regen kann schön sein!

„Mama? Gestern habe ich doch ganz toll meinen Teller aufgegessen, ne?"

„Ja, warum fragst du?"

„Heute hat es aber nur geregnet."

„Ach so, das meinst du! Weißt du, eigentlich kann jedes Wetter schön sein."

„Ich möchte aber gerne Sonne haben. Deswegen möchte ich heute nicht aufessen. Mal sehen, was Morgen passiert."

„So? Nun, dann wird es wohl Zeit, dir zu erklären, dass das mit dem Teller aufessen und schönem Wetter eine Erfindung von Eltern ist."

„Wieso denn das?"

„Eltern machen sich einfach Sorgen, wenn ihr Kind zu wenig isst und lassen sich kleine Tricks einfallen, damit euch das Essen Spaß macht. Also, wie das Wetter tatsächlich wird, weiß keiner. Wenn man sich entsprechend kleidet, kann selbst Regen herrlich sein. Überlege mal, wie gerne du durch Pfützen läufst und hüpfst."

„Ja, Mama. Das stimmt."

# Ich habe Hunger

Unmittelbar nach dem Mittagessen quengelt Niklas:

„Ich habe Hunger."

„Frag mal deinen Bauch, wo er sein Essen gelassen hat", wundert sich der Vater.

„Er sagt, er hat Hunger. Er knurrt."

„Dann arbeitet er wohl am Essen", erklärt der Vater.

„Ich habe trotzdem Hunger."

Niklas langweilt sich und möchte einfach nicht aufgeben.

Der Vater bleibt cool, denn er ist satt und müde. Wenn Niklas meint, schon wieder Hunger zu haben, so soll sich Niklas selbst eine Lösung einfallen lassen.

Der Vater meint daher nur noch: „Ich habe es gehört."

Nun fällt Niklas nichts mehr ein und sein Hunger ist schnell verflogen.

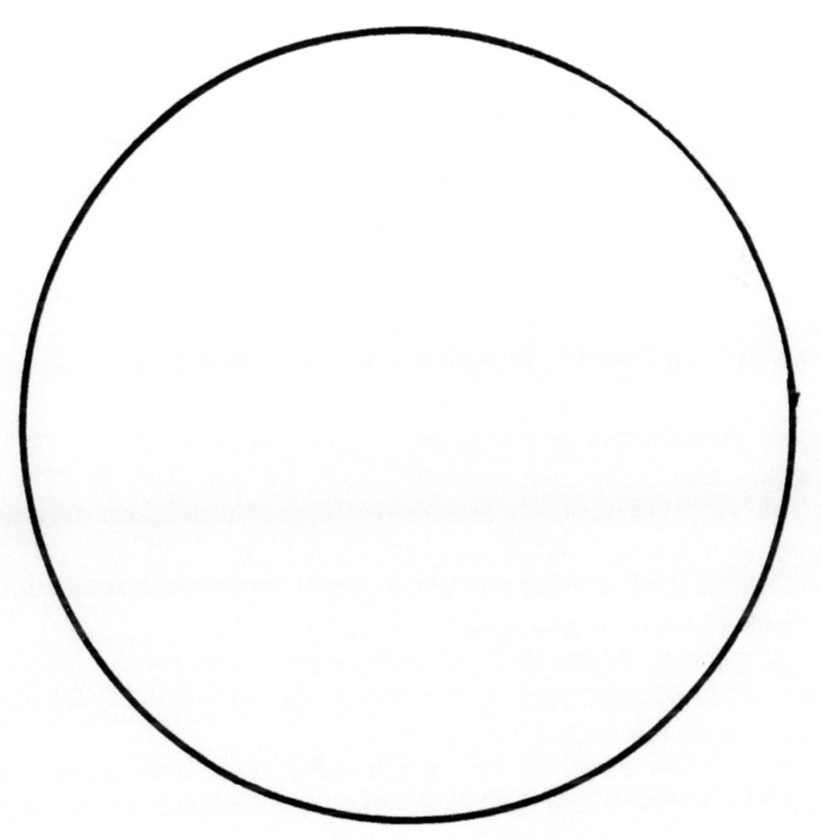

# Ich verdurste gleich oder nicht?!

Jeden Abend das gleiche Spiel:

Der vierjährige Max ist noch nicht zufrieden, um schlafen zu gehen. Irgendetwas vermisst er. In den letzten Tagen schien er bald zu verdursten, immer wieder klagte er jammernd, als er bereits im Bett lag: „Ich habe Durst!"

Mama war auch die ersten Abende sehr geduldig und gab Max aus dem Zahnputzbecher Wasser zum Trinken. Putzigerweise trank Max nur ein paar Schluck. War er wirklich so durstig?

Aber jeden Abend quengelte er so sehr, bis Mama lief und ihm etwas gab. Und da es für Mama nur zwei Minuten Zeit kostete und danach Ruhe einkehrte, machte sie Max sein Spiel geduldig mit.

Aber, sagte Max der Mama überhaupt, was er von ihr wollte? Er sagte: „Ich habe Durst." Das kann viel bedeuten: „Ich möchte, dass du mir Wasser bringst." „Ich möchte mir noch Tee aus der Küche holen." „Ich möchte meine Flasche ans Bett haben." Die Mama hatte bisher also viel Glück gehabt, dass sie einen Treffer landete. Aber nun wollte sie das Spiel nicht mehr mitmachen. Ihr fiel nämlich auf, dass Max noch nicht einmal fragte, was er von ihr wollte. Daher sagte sie heute Abend nur: „Ich habe es gehört und nun?"

Ups, Max war überrascht, begriff aber, was Mama wollte und fragte ganz nett: „Mama, kannst du mir bitte Wasser geben?"

„Nein, Max. Du weißt ja, wo es ist. Du darfst noch einmal aufstehen und trinken. Schlafe schön." Und die Mama ging in ihr Zimmer.

Zwei Abende fand es Max noch spannend, alleine aufstehen zu dürfen. Aber danach wurde es ihm doch langweilig, weil Mama nicht mehr mitspielte, also blieb er in seinem warmen Bett liegen und fühlte sich zufrieden.


♥   *Liebe Eltern ...*
Sie können Ihr Kind auch vor dem Schlafenlegen im Bad aus dem Zahnputzbecher noch trinken lassen: „Falls du noch Durst hast, kannst du jetzt noch mal trinken."

Fängt im Bett das „Ich-habe-Durst-Spiel" wieder an, wird es Ihnen dann leichter fallen, sich durchzusetzen bzw. nicht mehr zu reagieren, denn es ist nur eine **Aussage** und **keine Frage** an Sie! Sie brauchen sich also gar nicht angesprochen zu fühlen.

Fordern Sie Ihr Kind, selbst Lösungsideen zu finden. So übertragen Sie die Verantwortung auf das Kind. Denn Kinder lehnen gerne aus reiner Trotzreaktion die Ideen der Eltern ab.

# Du hast was vergessen

Jeden Morgen dasselbe: Peter kommt mal wieder mit seinem Schlafanzug zum Frühstück.

Die Mama schimpft wie jeden Morgen: „Peter! Hoch. Zieh dich an. So nicht. Aber schnell."

Peter hat keine Lust und sagt nur ganz frech wie immer: „Nein."

Wütend schleppt ihn seine Mama jedesmal die Treppe hoch und bringt ihn ins Bad. Nun zieht er sich um und kommt fröhlich nach unten.

Und so geht das jeden Morgen, bis Papa Urlaub hat. „Was spielen die beiden denn jeden Morgen für ein Spielchen?", denkt sich der Papa. „Ob ich wohl mitspielen kann?"

Am nächsten Morgen kommt die Mama gar nicht dazu, Peter nach oben zu bringen, denn Papa hat eine andere Spiel-Idee. Peter steht wieder mit seinem Schlafanzug am Frühstückstisch und Papa begrüßt ihn ganz fröhlich: „Morgen, mein Peter. Du hast sicherlich Hunger. Aber du hast noch etwas vergessen."

Er beachtet Peter nun nicht mehr und beginnt genussvoll zu frühstücken.

Peter ging sofort nach oben und zog sich ohne sein morgendliches Theater-Spiel um, denn er wusste ganz genau, was er vergessen hatte.

 *Liebe Eltern ...*

Vergessen hatte es Peter natürlich nicht. Es hilft aber, die Verantwortung auf das Kind abzugeben. Ohne Tadeln, Kommandieren oder Korrigieren wird das Kind zum Nachdenken und Lösungen finden angeregt. Auch sind die Kinder - übrigens auch Babys - *sofort* in der Lage, ihr Verhalten zu ändern, wenn sie zu einem bestimmten Ziel kommen wollen.

Trauen Sie sich auch, einen Schritt weiter zu gehen: Trödelt es und kommt erst, nachdem Sie fertig sind, hat es die Zeit für das Frühstück an diesem Morgen verpasst!

# Die große Kleckerei

Heute Mittag gibt es das Lieblingsessen von Maria: Pommes mit Mayonnaise. Da es selten Pommes gibt, darf sie so richtig zuschlagen und die Pommes mit den Fingern genießen. Die Majo darf sie sich selbst aus der Tüte auf den Teller drücken.

Irgendwann landet der Ärmel in die Majo und die Mama würde am liebsten schimpfen, denn schon wieder hatte sie Wäsche.

Heute war sie jedoch gut gelaunt und meinte lachend: „Na, hat dein Pullover auch Hunger?"

Sie wischte die Kleckerei ab und es war nichts mehr zu sehen.

Auch passte Maria nun auf, denn sie wollte die Majo lieber alleine essen und nicht mit dem Pullover teilen.

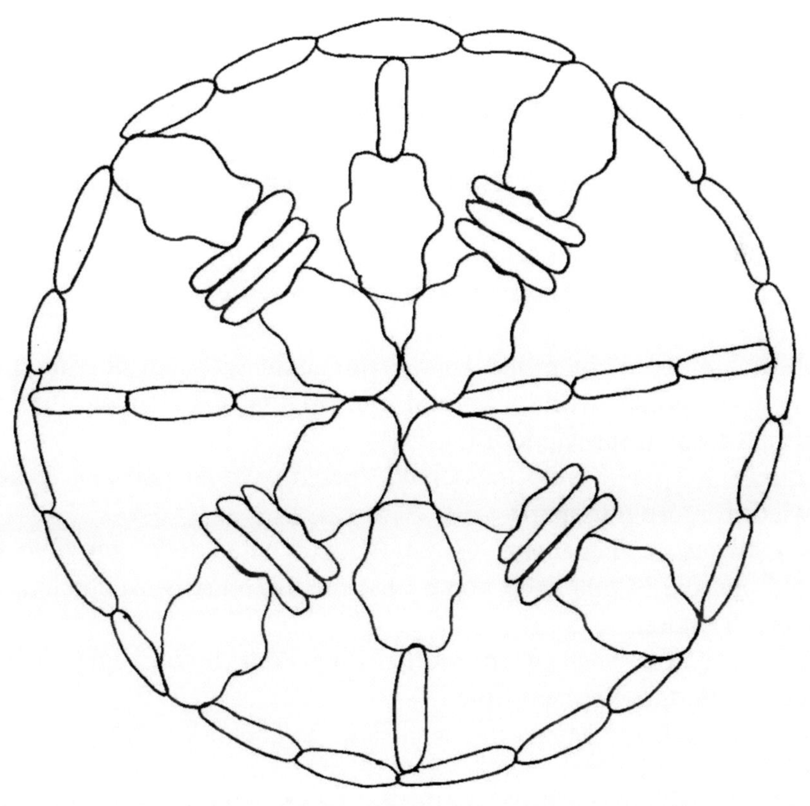

# Das Ping-Pong-Spiel

Tagelang liegt Teddy alleine in der Ecke.

Till räumt sein Zimmer auf und entdeckt Teddy. Achtlos wollte er ihn in eine Schublade packen. Das sieht seine Schwester Marie, die sofort Interesse an Teddy zeigt.

„Hey, gib mir den Teddy!" Und schon schubst sie Till, um an Teddy ranzukommen.

Till wird wütend und schreit Marie an: „Ich hatte Teddy zuerst gefunden."

Marie war das egal. Nun kämpften beide um den Teddy.

Das laute Schreien, Weinen und Hauen war nicht mehr zu überhören. Da es nicht ruhiger werden wollte, kommt die Mama der beiden ins Zimmer geschneit. „Na, spielt ihr wieder Ping-Pong?"

Woher die Mama wohl weiß, dass beide bockig waren und sich gegenseitig immer wieder ärgern mussten?!

Es wusste sowieso keiner mehr, wer angefangen hatte. Jeder gab dem anderen die Schuld und die Mama hatte keine Lust mehr, Detektiv zu spielen, um den Schuldigen zu finden.

Denn eins stand fest, nach jedem blöden Ping-Pong-Spiel folgte auch wieder ein nettes Geben-und-Nehmen-Spiel.

Deswegen hält sich die Mama nur noch kurz angebunden, wenn der Streit zu heftig wird.

„Na, darf ich mitspielen oder wollt ihr lieber alleine weiter pingen und pongen?"

♥ *Liebe Eltern ...*
Ältere Kinder lassen sich in Lösungsvorschläge einbinden, wenn die Fakten jedem klar und womöglich nicht mehr veränderlich sind. So kann man sie direkt fragen, was der eine vom anderen nun realisierbar wünscht.

# Die verflogene Wut

Detlef und sein Freund Marco stritten sich mal wieder heftig. Es würde nicht lange dauern und sie hauen sich tatsächlich. Das kann die Mutter von Detlef nicht mit ansehen.

Sie schlug ihnen daher vor: „Am besten, ihr sucht euch erst mal einen größeren Platz. Da könnt ihr dann weiter streiten. Wollt ihr in das Kinderzimmer oder in den Garten gehen?"

„Ups, komm wir gehen in den Garten", meinte Marco zu Detlef etwas verwundert.

Beide waren sehr überrascht und die Wut schon weniger geworden.

Die Mutter ging vorsichtshalber mit und bat noch: „Bevor ihr loslegt, erzählt ihr euch erst noch mal, warum ihr so wütend auf den anderen seid. Detlef, was hat dich so wütend gemacht?" „Marco hat mich gehauen und ich wollte mich nur wehren."

„Marco, warum warst du so wütend?"

„Detlef hat mir meinen gebauten Turm kaputt gemacht."

„Ach so. Dann los."

Aber es tat sich nichts. Die Wut war wie verflogen und beide spielten vergnügt weiter.

♥ *Liebe Eltern ...*
Nicht fragen, wer, sondern alle Beteiligte nach was, warum, wie, wo ...

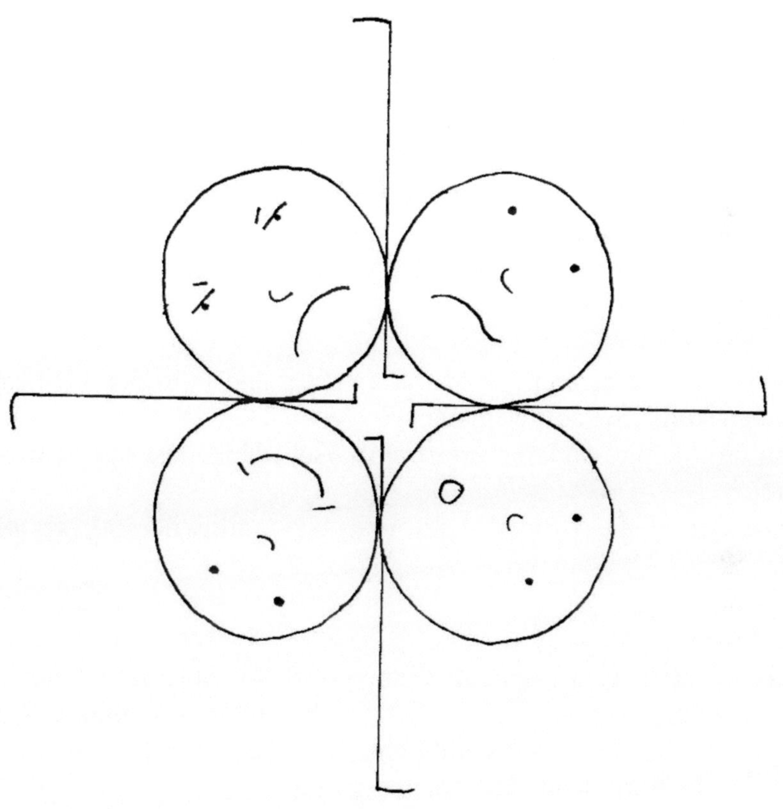

# Der kleine Frechdachs

Maria hat Spaß ihren kleinen Bruder zu ärgern. Dem passt das gar nicht und er weint so sehr, dass es Maria Leid tut.

Nun möchte Maria ihn trösten und knutscht ihn immerzu ab. Aber auch das gefällt dem kleinen Bruder nicht und er ist nur noch am Schreien wie am Spieß.

Maria will ihrem kleinen Bruder nun die Hand reichen und sich entschuldigen. Aber egal, was sie macht, es ist alles verkehrt und der kleine Bruder schreit immer bockiger, so sehr stört ihn seine Schwester. Oder ärgert er gerade seine Schwester?

Nun kann die Mama es nicht mehr mit anhören und fragt den kleinen Bruder, was ihn noch stört. „Sie soll weggehen."
Jetzt kann die Mama reagieren und fragt: „Ach! Und! Hat das Schreien dabei geholfen?"
Jetzt grinst der kleine Bruder sogar und sagt völlig normal, als sei nichts gewesen: „Nein."

♥ *Liebe Eltern ...*

Diese Schauspieler! Also Vorsicht! Wann greife ich ein und wie greife ich ein, sollte gut überlegt werden. Klären Sie für Sie nicht erkennbare Situationen zunächst durch Fragen an die Beteiligten oder geben Sie die Verantwortung auf das Kind ab: „Hast du denn Maria schon gefragt, warum sie dich gehauen hat? Dann los."
I.d.R. haben sich die Kinder im Ping-Pong-Spiel bereits gegenseitig geprickt.

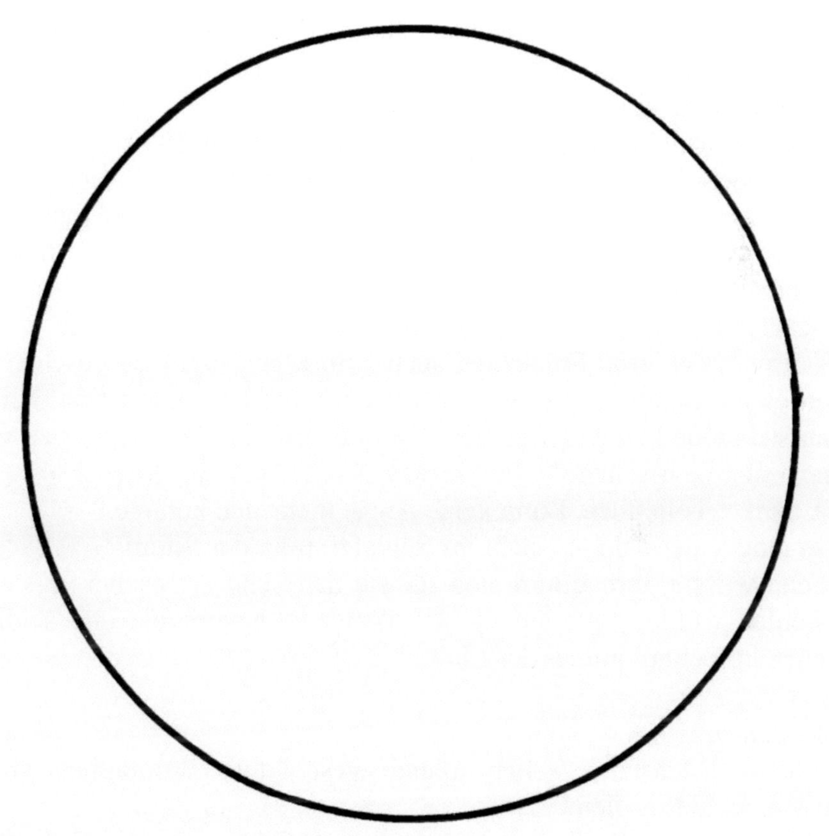

## Keiner schläft gerne alleine

Es ist mitten in der Nacht und die zweijährige Valeria wird weinend wach. Die Mama hört es zum Glück und geht schnell zu ihrer Tochter.

„Hast du geträumt, Valeria?"

„Schlange, Mama. Habe Angst, Mama, Schlange beißt mich."

Valeria ist noch am Weinen, da sie die Schlange so schnell nicht vergessen kann. So träumt sie in letzter Zeit öfter von der Schlange, aber putzigerweise nur dann, wenn sie alleine schläft. Das haben ihre Eltern inzwischen rausgefunden.

Daher schlägt die Mama jetzt Valeria vor, bei ihr schlafen zu dürfen.

„Weißt du was, Valeria. Früher hat auch kein Mensch alleine geschlafen und uns stört es gar nicht. Wenn du nachts wach wirst und Angst hast, kannst du gerne aufstehen und zu uns kommen. Du brauchst dann nicht mehr zu weinen. Wollen wir das so machen?"

„Mama, danke. Tolle Idee. Dann keine Angst mehr. Ich komme."

Beruhigt ging Valeria diese Nacht ins Schlafzimmer der Eltern.

Da sie nun wusste, ihre Eltern sind für sie da, wenn sie nachts voller Angst wach werden würde, hatte sie immer weniger Angstträume und schlief nur noch selten im Schlafzimmer der Eltern.


♥ *Liebe Eltern ...*

Früher haben Menschen selten alleine geschlafen. Womöglich sind wir instinktiv nicht gerne alleine.

Was möchten Sie und Ihr Partner? Wen stört es? Gibt es Negativ-Folgen?

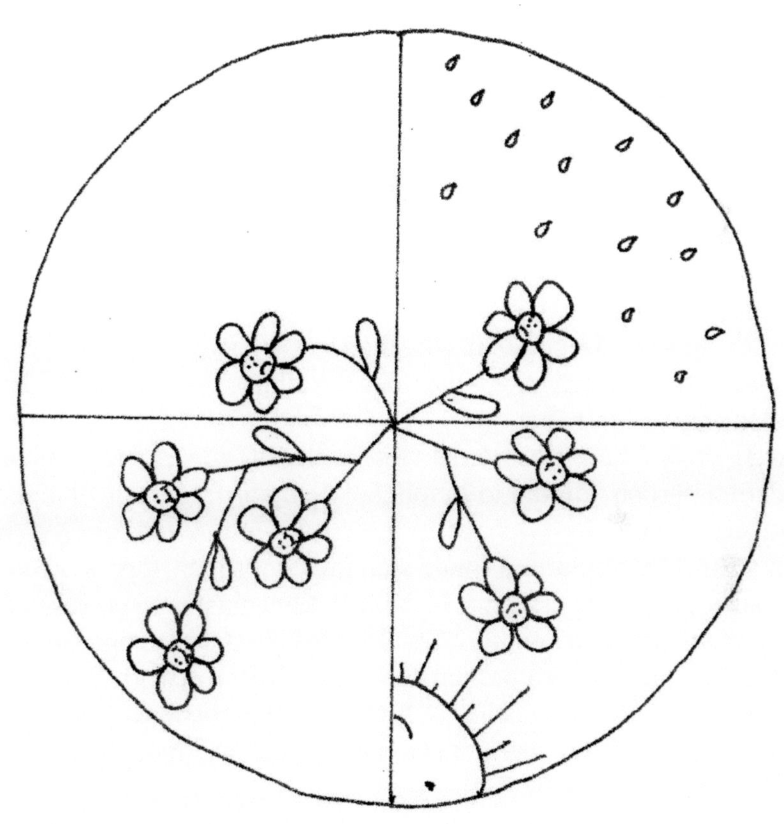

# Weihnachtsfreude

Die Kinder waren sich nicht sicher, ob es den Weihnachtsmann nun gibt oder nicht. Sie wollten aber fest dran glauben, da sie sich sicher waren, so ein Geschenk zu bekommen.

Auch haben sie inzwischen mitbekommen, dass der Weihnachtsmann nicht nur nach Hause kommt, sondern auch bei der Oma, beim Opa, beim Onkel, bei der Tante und anderen Freunden und Verwandten vorbei schaut.

Damit der Weihnachtsmann nicht mehrmals laufen muss, bringen diese das Geschenk dann mit.

Nun war es soweit: Der Weihnachtsmann war bereits einmal da und nun fehlten noch die Geschenke, die der Weihnachtsmann bei den lieben Verwandten abgegeben hatte.

Und tatsächlich brachten sie alle ein Geschenk mit, außer eine Uroma. Das fiel den Kindern natürlich auf und in kindlicher Neugier fragte der Philipp: „Wo ist denn dein Geschenk?"

Die Uroma war überrascht und traute sich nicht zu sagen, dass sie keins kaufen kann und antwortete nur: „Bei mir ist kein Weihnachtsmann gewesen."

„Ach so, warum bist du dann hier?", wollte Philipp daher neugierig wissen.

Aber darauf wusste die Uroma nun wirklich keine Antwort mehr. Ihr war es sehr peinlich. Aber Philipp dachte sich nichts dabei, denn dass sich die Uroma nun nicht wohl fühlte, bemerkte er in seiner kindlichen Freude auf Weihnachten nicht.

♥ *Liebe Eltern ...*

Wir können nicht immer verhindern, dass Kinder Dinge tun, die wir nicht wollen. Kinder sind neugierig, wollen es ausprobieren und ihre Erfahrungen sammeln, auch wenn es gefährlich ist.

Wir können nur danach unsere Sorgen und Ängste mitteilen. Mit ihnen reden, ihnen verzeihen und unsere weitere Liebe zeigen. Denn es ist nur ein Verhalten, welches wir nicht wollten.

Kein Mensch/Kind ist böse, sondern nur eine bestimmte Verhaltensweise. Menschen, die z.B. Kinder nicht mögen, mögen womöglich Tiere sehr gerne. So hat jeder seine positiven Seiten. Auch empfindet jeder böse und lieb anders. So findet jemand das Kind aus der Geschichte bereits als böse, ein anderer als putzig. Soll ich dieses Kind deswegen ewig verurteilen und nachtragend sein? Für ein einzelnes Verhalten, welches vor lauter Freude entstand.

# Lieb oder Böse, was weiß ich?!

Lukas ist sehr erfinderisch:
Heute half er seiner Mama beim Tischdecken.
Gestern schrie er beim Einkaufen, weil er Süßes haben wollte.

Gestern zog er sich stolz alleine an.
Heute war er ständig frech.

Heute ging er an der Straße an Mamas Hand.
Gestern sagte er mehrmals: „Nein, ich will nicht."

Gestern schlief er schnell ein.
Heute bollerte er gegen die Tür.

Wie war Lukas nun gestern und heute?
War er lieb oder böse, was meinst du?

Lukas Papa ist sehr abwechslungsreich:
Heute half er seiner Frau beim Putzen.
Gestern schrie er Lukas an, weil er nicht hörte.

Gestern legte er Wäsche zusammen und räumte sie weg.
Heute schimpfte er oft mit Lukas beim Essen.

Heute durfte Lukas mit Papa zum Baden fahren.
Gestern sagte er mehrmals: „Nein, du darfst nicht."

Gestern durfte Lukas länger aufbleiben und mit Papa kuscheln.
Heute knallte der Papa wütend die Tür zu.

Wie war Lukas Papa gestern und heute?
War er lieb oder böse, was meinst du?


♥   *Liebe Eltern ...*
Würden wir mehr auf eine Verhaltensweise achten, würden wir nicht so schnell
einen Menschen ablehnen, nur wegen einer oder weniger unangemessener
Verhaltensweisen.
Denn, es gibt keinen bösen Menschen, sondern nur unangenehme
Verhaltensweisen.

# Eine gute Freundin

Es war einmal ein kleines Mädchen.

Eines Tages waren die Eltern nicht da und die Nachbarn gaben ihr nicht die gewünschte Sicherheit. Sie empfand Angst.

So alleine und einsam sehnte sie sich nach einer guten Freundin. Eine Freundin, die sie immer beschützte, der sie vertrauen konnte. Eigentlich die Aufgabe von Gott.

Aber, wie soll ein kleines Mädchen an etwas glauben, was es nicht sehen kann? Dabei war es so einfach! Man musste nur raussehen.

Da war sie ...

     ... die strahlende

        S O N N E !

Die beste Kameradin für alle Fälle.

Seitdem war die Sonne ihre treue Begleiterin. Sie sprach mit ihr, wenn sie Sorgen hatte und spürte ihre Nähe, ihre Anteilnahme.

Denn die Sonne ist bestimmt

       eine gute Freundin

        vom lieben Gott.

♥ *Liebe Eltern ...*

Auch ein Kuscheltier als Kamerad bewirkt Wunder - wie beim Kind **und** Erwachsenen.

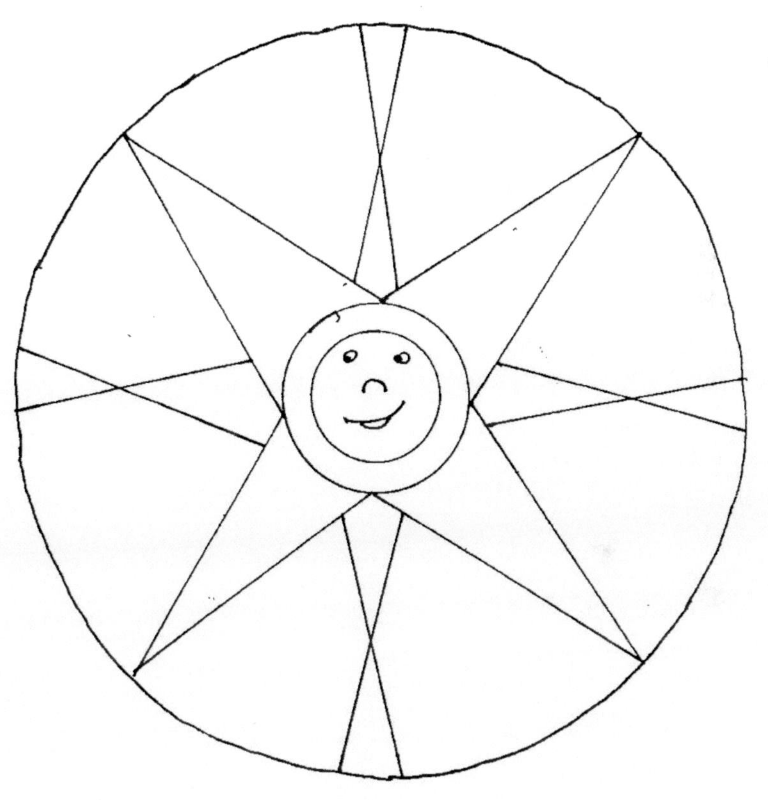

# Die Kinderseele

Du kannst mit mir nicht machen,
was du willst.
Du kannst mich nicht ausmachen,
wie du willst.
Du kannst mich nicht anmachen,
wie du willst.
Du kannst mich nicht springen lassen,
wie du willst.
Ich kann dir nicht gehorchen,
wie du willst.

Es ist egal, was du machst.
Hauptsache, es kommt vom Herzen.

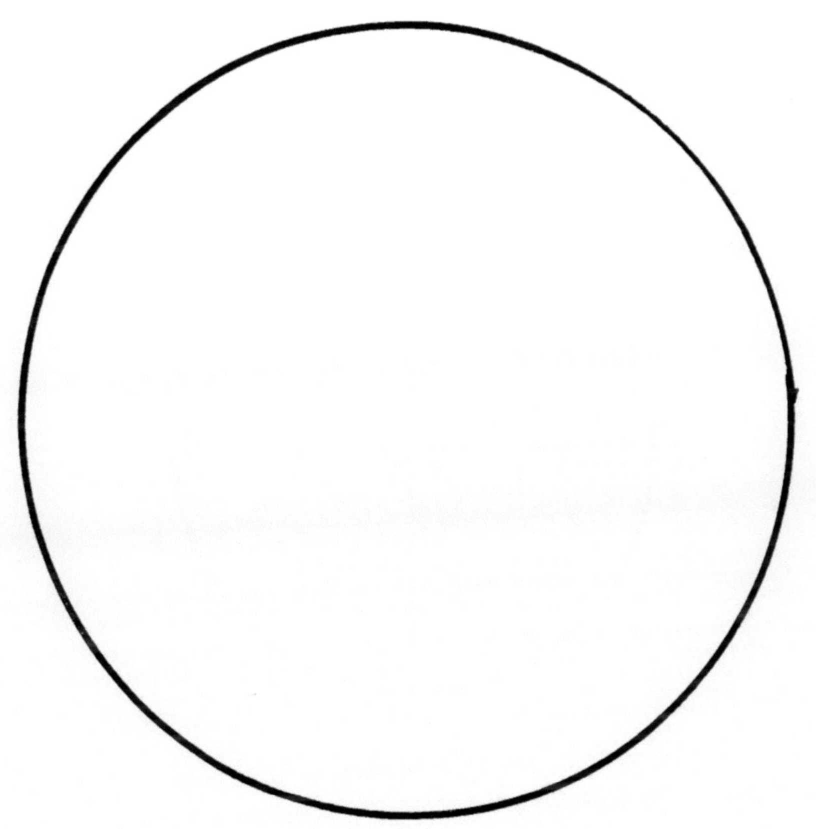

# Anleitung Mandala

Zunächst die Größe des Mandalas bestimmen und einen entsprechenden Kreis mit 2 Linien, um 4 gleichgroße Stücke zu bekommen, auf einem Blatt Papier zeichnen.

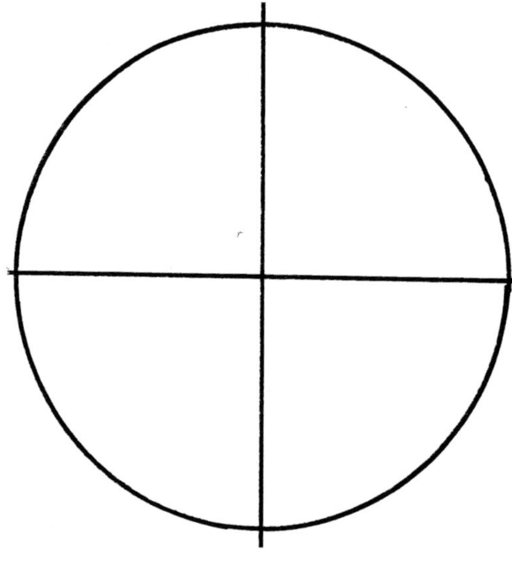

Schablone 1

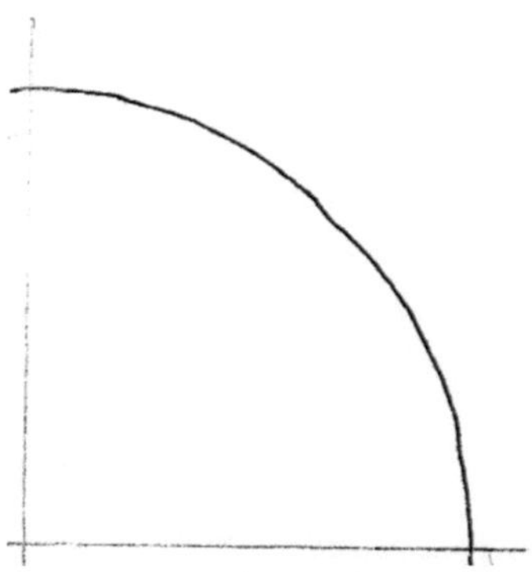

Dann die Schablone 1 an den Linien falten, so dass dieses ¼ entsteht.
Dieses ¼ wird unter ein leeres Blatt Papier gelegt und der Rand auf dem oberen Blatt nachgezeichnet.

In dieses ¼ wird das Wunsch-Bild gemalt.

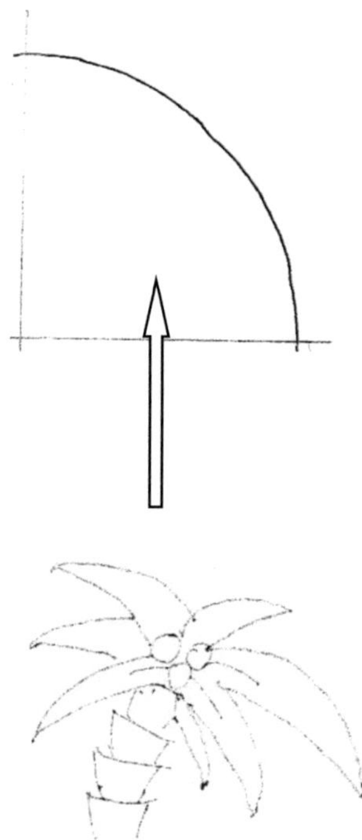

Das gemalte Bild auf ein etwas größeres Stück Pappe kleben und an den Rändern des Bildes entlang schneiden.

Zeichne die Schablone 1 nochmal ohne Linien in derselben Größe auf ein Blatt Papier, wenn du das Mandala in einen Kreis zeichnen möchtest.

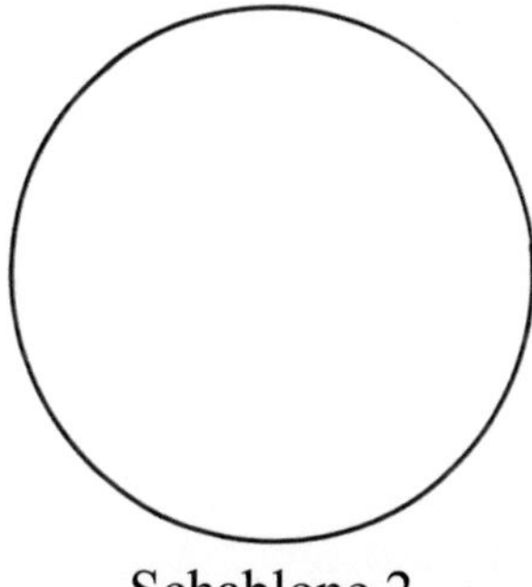

Schablone 2

Lege nun unter dieser Schablone 2 die wieder entfaltete Schablone 1.
Zwischen diesen beiden Schablonen wird in das durchschimmernde ¼-Feld das gemalte Bild passend dazwischen geschoben.
Auf dem oberen Blatt wird das Bild nun abgepaust.
Dieses ¼ schiebt man dann in jedes durchschimmernde ¼ Feld und zeichnet das Bild 4x nach. So hat das Mandala 4x dasselbe Bild.

Statt der Schablone 2 kann auch ein weißes Blatt Papier ohne Kreis auf die Schablone 1 gelegt werden.
Dann entsteht das Mandala ohne Kreis drumherum.

# Informationen für Eltern ...

Die Kunst des Lebens ist, mit sich selbst zufrieden zu sein.
Sei flexibel. Was gestern nicht funktionierte, kann heute funktionieren.
Was heute funktioniert, kann morgen nicht mehr funktionieren.
Man kann den Alltag nicht erklären, sondern nur erleben.
Egal, wofür du dich entscheidest: Es hat mindestens zwei Seiten!

**Jetzt-erst-recht-Taktik**
Sie scheint die beliebteste Strategie der Kinder zu sein!
Es sind Kinder, die sich aufgrund einer äußeren Erwartung entgegengesetzt verhalten. Womöglich sogar gegen ihren ursprünglich eigenen Willen. Die eigentliche Sachebene wird auf den emotionalen Interaktionsanteil fokussiert. Es will sich nicht sozial erwünscht verhalten. Bei Wiederholungen bzw. beim Erkennen von Absichten Erwachsener reagiert es resistent auf Belohnungen oder Bestrafungen.

Verbote oder Zurechtweisungen laufen gegen eine Wand und verstärken das Verhalten wie z.B.
- Nase hochziehen
- popeln
- an Fingern kauen oder lutschen
- spucken
- hauen
- freche/obszöne Wörter sagen

- das Gegenteil … äußern
  - des Erwachsenen
  - seines Wunsches
    Es sagt trotzig „nein", obwohl es eigentlich doch möchte.
    Die Kinder probieren aus, etwas anderes zu tun als sie denken. Sie kontrollieren, ihre Gedanken willentlich für sich zu behalten. Also eine hoch wichtige Ressource im Umgang mit Menschen, um sie nicht seelisch zu verletzen. Allmählich werden sie lernen, es sozial passender einzusetzen.

usw.


Alles, was Sie jetzt sagen, kann gegen Sie verwendet werden.
Alles, was Sie jetzt sagen, kann falsch sein.
Legen Sie eine „Pause des Nachdenkens" ein.


Auch werden Grenzen überschritten. Kinder haben Macht über ihre essentiellen Funktionen, die sie sich naiv behütet fühlend wohl trauen:
- sprechen oder nicht sprechen
- essen bzw. trinken oder sich verweigern
- bewegen (herkommen) oder sich steif machen
- schlafen oder wachhalten
- zur Schule gehen/lernen oder verweigern

Kinder, die die Mittel der Nicht-Handlung, obwohl sie erwartet wird, rausgefunden haben, haben gelernt über Grenzen bis hin zu einer eigenen Selbstschädigung zu gehen.

Diese fatal getroffenen Selbst-Entscheidungen erfolgen anfangs willentlich und nach Wiederholungen womöglich automatisiert.

Durch die Möglichkeit der „Jetzt-erst-recht-Taktik" kann das Individuum gegensteuern und nicht-nachahmen. Dafür muss es die Möglichkeit der Nachahmung erkennen, was auch unbewusst ohne Reflexion erfolgen kann. Denn es ist einfacher, etwas Gegebenes/Bekanntes als Orientierung zu nehmen und das Gegenteil zu tun, wenn es möglich ist: Das, was ich soll, werde ich nicht tun oder das, was ich nicht soll, werde ich tun. Es ist schwieriger, sich etwas Anderes/Neues einfallen zu lassen, um etwas zu verändern.

### *Wann könnte ein Kind trotzen?*

- Es kann noch nicht, was es soll oder es kann noch nicht, was es will.
  Hier kann man als Beteiligte (wie Eltern) gut einlenken. Warum nicht helfen, wenn es das wirklich noch nicht kann? Man kann Teilschritte erklären oder vorzeigen. Machen Sie Gezeigtes ggf. wieder rückgängig, damit das Kind es selbst wiederholen kann.
- Es will einfach nicht, obwohl es das bereits kann, weil von außen eine Grenze kommt.
  Trotzen und Grenzen gehören eng zusammen, so trotzten meine Kinder i.d.R. nur dann, wenn ich eine Grenze setzte.

- Es will, aber andere nicht. Prüfen Sie bzw. erarbeiten Sie mit dem Kind Alternativen. Ich habe oft erlebt, dass sie beim Aushandeln kompromissbereit sind, denn sie werden dann an der Lösungsfindung beteiligt.

Man darf auch nicht vergessen, dass Kinder ganz oft etwas wissen bzw. können, aber nicht wissen, wie sie es zeigen sollen bzw. es nur jetzt, weil es gewünscht wird, erst recht nicht zeigen wollen. D.h., wir können nie 100%-ig sagen, ob das Kind etwas wirklich nicht kann oder weiß!

**Meine Elfchen und Gedichte rund um das Kind**

Kinder sind die Wurzel unseres Lebens.
Sie sind der Schlüssel zu Frieden und Glück.
Denn so wie wir sie behandeln, so schallt es hinaus.
So werden wir Menschen und so sieht unsere Umwelt dann aus.

*********

Grenzen
kindgerecht gesetzt
nicht für Erwachsene
sonst haben *alle* nur
Stress!

*********

Lebe
mit Kinderaugen
deine öffnen sich
für den Sinn des
Lebens.

Kinder wollen Lachen und Spaß. Beobachten Sie Kinder beim Essen in der Kindertagesstätte, wie ausgelassen, lustig und quatschig sie sein können. Wir können von Kindern sehr viel lernen.

Warum sollten wir Eltern erwünschte Verhaltensweisen ohne Spaß erreichen, wenn es mit Spaß leichter geht bzw. sich jeder dabei wohler fühlen wird? Schlüpfen Sie mal in die alberne Rolle, denn in uns schlummert noch ein Kind. Wie verschafft sich ein Clown Zugang zu verschlossenen Kindern? In erster Linie durch Spaß, aber auch durch Zeigen von Gefühlen wie Traurigkeit.

„Höre! Denn ich bin erwachsen und habe recht."
Eltern, so nicht.
Gebt nach und gesteht Schwächen ein.
Euer Kind dankt es mit Selbstbewusstsein.

Spielen Sie gemeinsam Rollen-, Tobe- oder Gesellschaftsspiele. Auch das Einsetzen einer Handpuppe kann Wunder bewirken und vor allem viel Spaß.

**Eltern? Wozu?**

1.  Vorbild zum Nachahmen oder Nichtnachahmen,
    zum Weitergeben/Erzählen von Lebensweisheiten wie ein Märchen,
    zum Aufzeigen von Alternativen.
2.  Chancen zum Ausprobieren geben:
    Nachdenken, Meinungen äußern, experimentieren, Fehler machen,
    Selbständigkeit, Wiedergutmachung.
3.  Da sein, wenn das Kind Hilfe *braucht*.
    Z.B. wenn sich das Kind selbst im Wege steht und oft unzufrieden ist.